Kurs- und Arbeitsbuch mit Audio-CD

Magnet neu A1.1

Deutsch für junge Lernende

Giorgio Motta
bearbeitet von Elke Körner, Ursula Esterl,
Silvia Dahmen (Phonetik) und Victoria Voll

Ernst Klett Sprachen
Stuttgart

Symbole

52 Titelnummer auf der Audio-CD

Fit Aufgabe zur Prüfungsvorbereitung

Spiele für den Unterricht

AB 1–5 Hinweis im Kursbuch auf passende Übungen im Arbeitsbuch

1. Auflage 1 6 5 4 3 2 1 | 2018 17 16 15 14

Giorgio Motta
Magnet
Grundkurs für junge Lerner
italienische Ausgabe

Giorgio Motta
bearbeitet von Elke Körner, Ursula Esterl,
Silvia Dahmen (Phonetik) und Victoria Voll
Magnet neu
Deutsch für junge Lernende
internationale Ausgabe

Internetadresse: www.klett.de

Redaktion Victoria Voll, Annette Kuppler, Elena Rivetti, Chiara Versino
Layoutkonzeption Alexandra Veigel
Herstellung Alexandra Veigel
Gestaltung und Satz Ulrike Promies, Reutlingen; Regina Krawatzki, Stuttgart
Illustrationen Monica Fucini, Turin
Umschlaggestaltung Daniel Utz, Stuttgart; Anna Poschykowski
Reproduktion Meyle + Müller, Medien-Management, Pforzheim
Druck und Bindung Interak Printing House.
Printed in Poland

ISBN 978-3-12-676095-9

9 783126 760959

Kursbuch

Inhalt

Inhalt

Arbeitsbuch

Lektion 0.1

Hallo!

Hören ▶ 1

1 Wie begrüßen und verabschieden sich die Personen? Hör zu und sprich nach.

Wortschatz

2 Wer begrüßt sich? Wer verabschiedet sich? Verbinde.

begrüßen

Daniel und Herr Beck

Frau Kohl und Herr Schulz

Markus und Tobias

Oliver und Steffi

Melanie und Frau Stein

verabschieden

Hören ▶ 2

3 Was sagen die Personen? Hör zu und ordne zu.

A Sebastian

B Regina

C Thomas

D Martina

E Herr Weigel

F Frau Hofmann

☐ Guten Tag! ☐ Auf Wiedersehen! ☐ A Hallo! ☐ Grüß dich! ☐ Tschüss! ☐ Servus!

Sprechen

4 Begrüße und verabschiede die Personen auf Deutsch.

1. Steffi 2. Frau Schulz 3. Tobias und Markus 4. Herr Beck und Frau Schulz

Sprechen

5 Grüßt und antwortet in der Klasse.

Hallo, Maria! → Grüß dich, Halil! → Servus, Elena! …

Hören ▶ 3

6 Hör zu und sprich nach.

Guten Morgen! | Guten Tag! | Guten Abend! | Gute Nacht!

Sprechen

7 Was sagt man wann? Verbinde und lies laut.

7:30 | 11:00 | 14:00 | 15:30 | 19:00 | 22:30

Hallo! Tschüss! | Guten Tag! | Gute Nacht! | Guten Abend! | Guten Morgen!

Hören ▶ 4

8 Wer sagt was? Hör zu und verbinde.

Hallo, Oliver! Wie geht's dir?

Und wie geht's dir, Steffi?

Ach, nicht so gut.

Gut, danke!

Sprechen

9 Fragt und antwortet.

Hallo, Eva. Wie geht's dir? → Gut, danke! Hallo, Marina. Wie geht's dir? → Nicht so gut.
Hallo, Mike. Wie geht's dir? → …

Gut!
Sehr gut!

Nicht schlecht.
Es geht.

Nicht so gut!
Schlecht!

Sprechen

10 Verabschiede dich.

______________________, Oliver!

______________________, Herr Platter!

______________________, Steffi!

______________________, Frau Platter!

[Phonetik]

a Hör zu und achte auf das *h*. ◘ 5
b Hör zu und sprich nach. ◘ 6
c Grüße deinen Partner / deine Partnerin.
Hallo, …

Lektion 0.2

Eins, zwei, drei

Zahlen 0 – 12

0	1	2	3	4	5	6	7	8	9	10	11	12
null	eins	zwei	drei	vier	fünf	sechs	sieben	acht	neun	zehn	elf	zwölf

Hören ▶ 9

1 **Hör zu und sprich nach.**

Sprechen

2 **Spielt mit zwei Würfeln.**

Zahlen 13 – 20

13	14	15	16	17	18	19	20
dreizehn	vierzehn	fünfzehn	sechzehn	siebzehn	achtzehn	neunzehn	zwanzig

Hören ▶ 10

3 **Hör zu und sprich nach.**

Bingo!

Spiel & Spaß

4 **Schreibt Zahlen von 1 – 20 in ein Quadrat mit neun Kästchen. Euer Lehrer / eure Lehrerin ruft Zahlen. Kreuzt an. Wer drei Zahlen in einer Reihe hat, hat gewonnen und ruft Bingo. Viel Spaß!**

Spiel & Spaß

5 **Memo-Spiel. Kopiert die Seite, schneidet die Spielkarten aus und deckt sie auf wie bei Memory. Viel Spaß!**

1	eins	2	zwei	3	drei	4	vier
5	fünf	6	sechs	7	sieben	8	acht
9	neun	10	zehn	11	elf	12	zwölf
13	drei-zehn	14	vier-zehn	15	fünf-zehn	16	sech-zehn
17	sieb-zehn	18	acht-zehn	19	neun-zehn	20	zwanzig

Hören ▶ 11

6 **Hör zu und ergänze die Handynummer.**

Steffi, wie ist deine Handynummer?

Meine Handynummer ist 0170 2___88___8___.

Sprechen

7 **Fragt und antwortet.**

Sara, wie ist deine Handynummer / Telefonnummer? → Meine Handynummer / Telefonnummer ist … Lukas, wie ist deine Handynummer / Telefonnummer? …

Zahlen 21–2000

21	einundzwanzig	27	siebenundzwanzig	60	sechzig	1000	eintausend
22	zweiundzwanzig	28	achtundzwanzig	70	siebzig	2000	zweitausend
23	dreiundzwanzig	29	neunundzwanzig	80	achtzig		
24	vierundzwanzig	30	dreißig	90	neunzig		
25	fünfundzwanzig	40	vierzig	100	einhundert		
26	sechsundzwanzig	50	fünfzig	200	zweihundert		

Hören 13

8 **Hör zu und markiere die Zahlen.**

Hören 14

9 **Hör zu und sprich nach.**

Hören 15

10 **Was kostet das? Hör zu und sprich nach.**

Übt zu zweit weiter.

19,95 €

2,70 €

14,80 €

24,90 €

Hören ▶ 16

11 Wie viel ist …? Hör zu und sprich nach.

Übt zu zweit weiter.

11 + 13 = ____	54 – 14 = ____	96 + 4 = ____	9 x 9 = ____
150 : 3 = ____	25 x 5 = ____	200 – 51 = ____	49 : 7 = ____

Hören ▶ 17

12 Frau Hoffmann hat Lotto gespielt. Hat sie gewonnen? Hör zu und vergleiche.

Gewonnen?

Phonetik

a Hör zu und achte auf das *ch*. ▶ 18

b Hör zu und sprich nach. ▶ 19

c Zählt in der Klasse abwechselnd bis 100. Sagt nur die Zahlen, in denen man den ich-Laut hören kann.

AB 6–14

Lektion 0.3

Was ist das?

ein Computer   ein Ball   eine CD   ein Heft   ein Buch   eine Gitarre   ein Telefon   ein Kugelschreiber

Hören 25

1 **Hör zu und sprich nach.**

Sprechen

2 **Fragt und antwortet wie im Beispiel.**

Hören 26

3 **Zur Kontrolle. Hör zu und vergleiche.**

Wortschatz

4 **Pantomime. Lies vor. Dein Partner / deine Partnerin spielt die Aktivitäten.**

Notiere!

Schneide die Karten aus!

Lies!

Hör zu!

Schreib!

Sprich!

Hören 27

5 **Hör zu und verbinde die Farben. Welche Zahl erkennst du?**

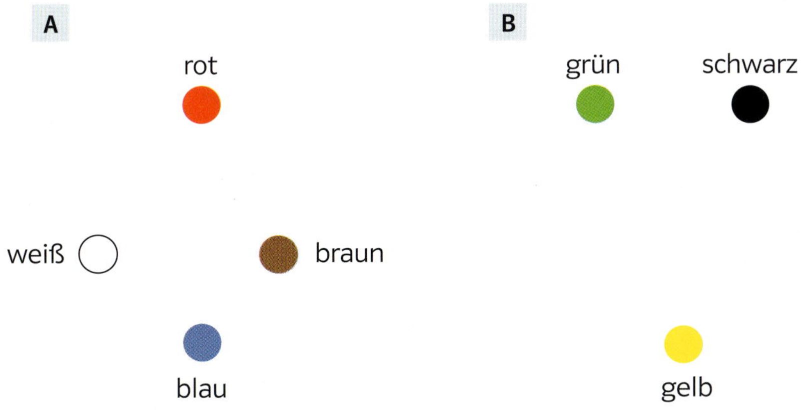

Die Zahl ist: ______________

Hören ▶ 29

6 Hör zu und sing mit!

Die bunten Noten
Melodie: Ah, vous dirai-je maman (französisches Kinderlied)

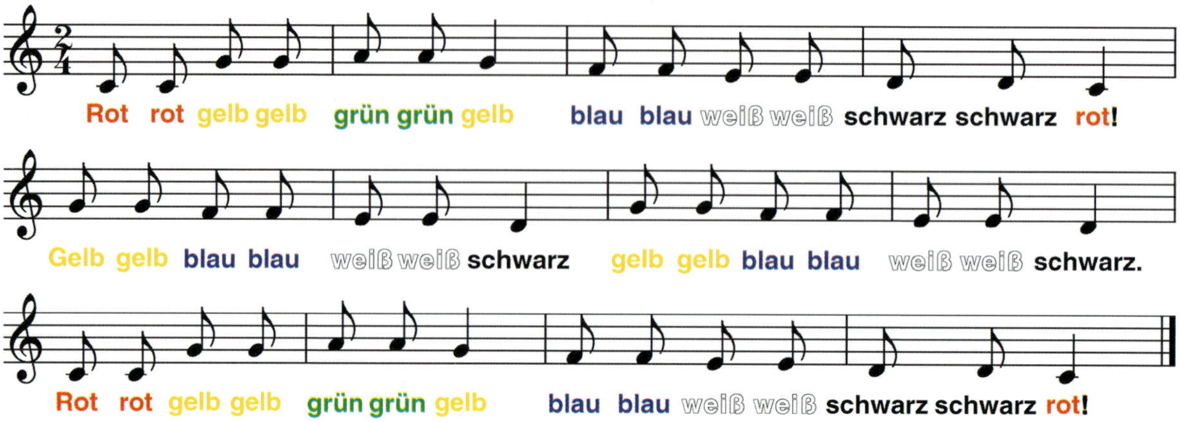

Wortschatz

7 Was passt zusammen? Verbinde.

die Sonne

das Auto

der Ball

die Wiese

grün | blau | gelb | weiß und schwarz | rot | schwarz | braun

die Tafel

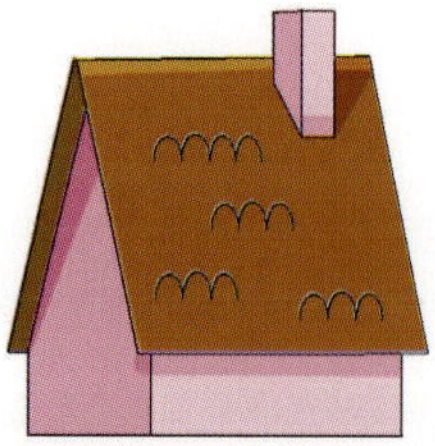

das Dach

der Himmel

Hören ▶ 30

8 **Zur Kontrolle. Hör zu und vergleiche.**

Die Sonne ist gelb.

Das Auto ist rot.

Der Ball ist weiß und schwarz.

Die Wiese ist grün.

Die Tafel ist schwarz.

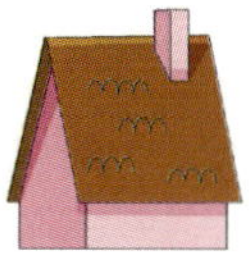
Das Dach ist braun.

Der Himmel ist blau.

Hören ▶ 31

9 **Richtig (R) oder falsch (F)? Kreuze an.**

1  R ☐ F ☐

2  R ☐ F ☐

3 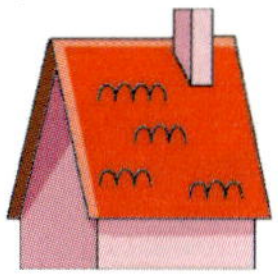 R ☐ F ☐

4  R ☐ F ☐

5  R ☐ F ☐

6  R ☐ F ☐

7  R ☐ F ☐

Wortschatz

10 **Ordne zu.**

1. Frag
2. Verbinde
3. Antworte
4. Kreuz an
5. Ergänze
6. Vergleiche
7. Ordne zu
8. Markiere
9. Notiere

a 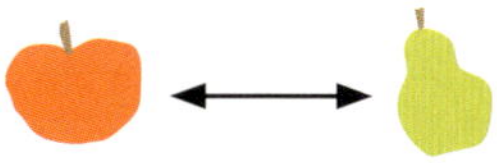

b ☒

c Die *Wiese* ist grün.

d •——•

e *die Sonne*

f ?

g *Der Himmel ist blau.*

h !

i das Dach → 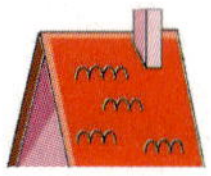

Hören ▶ 32

11 Das deutsche Alphabet. Hör zu und sprich nach.

A wie Apfel,
der Apfel

B wie Blume,
die Blume

C wie CD,
die CD

D wie Dirigent,
der Dirigent

E wie Elefant,
der Elefant

F wie Fisch,
der Fisch

G wie Gitarre,
die Gitarre

H wie Hotel,
das Hotel

I wie Insel,
die Insel

J wie Joghurt,
der Joghurt

K wie König,
der König

L wie Löwe,
der Löwe

M wie Meer,
das Meer

N wie Nest,
das Nest

O wie Oma,
die Oma

P wie Pony,
das Pony

Q wie Qualle,
die Qualle

R wie Radio
das Radio

S wie Saft,
der Saft

T wie Trompete,
die Trompete

U wie Uhr,
die Uhr

V wie Vogel,
der Vogel

W wie Wasser,
das Wasser

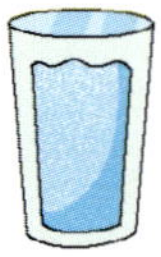

X wie Xylophon,
das Xylophon

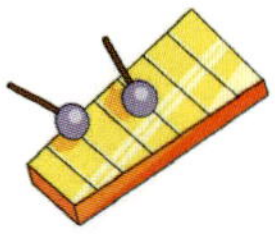

Y wie Yacht,
die Yacht

Z wie Zug,
der Zug

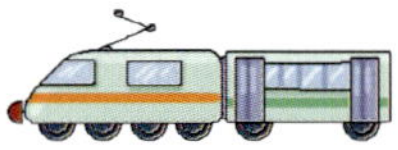

Sprechen

12 Buchstabiere deinen Namen auf Deutsch wie im Beispiel.

LUIS: L wie Löwe, U wie Uhr, I wie Insel, S wie Saft.

[Phonetik]

a Hör zu und sprich nach. ▶ 33

b Welche Buchstabenreihe hörst du? Hör zu und kreuze an. ▶ 34

1. ☐ i e u e a o u
2. ☐ i a o e e i u
3. ☐ e i o i a u o

c Hör zu und sprich nach. ▶ 35

Lektion 0.4

München, Frankfurt, Berlin

Frankfurt

Innsbruck

Hamburg

Bern

Berlin

Köln

Wien

München

Düsseldorf

Stuttgart

Salzburg

Zürich

Leipzig

Hören 37

1 **Hör zu und markiere die Städtenamen.**

Hören 38

2 **Hör zu und sprich nach.**

Lesen

3 Was passt zusammen? Lies und ordne zu.

Graz liegt in Österreich.

Hamburg liegt in Deutschland.

Wo liegt Zürich?

Wo liegt Hamburg?

Wo liegt Graz?

Zürich liegt in der Schweiz.

Wortschatz

4 Wo liegt ...? Bilde Sätze.

Innsbruck Köln Wien Zürich München Bern Hamburg Berlin Frankfurt Salzburg	liegt	in Deutschland. in Österreich. in der Schweiz.

Bern liegt in der Schweiz.

Hören ▶ 39

5 Zur Kontrolle: Hör zu und vergleiche.

Sprechen

6 Fragt und antwortet wie im Beispiel.

● Wo liegt Innsbruck?
○ Innsbruck liegt in Österreich.

Hören ▶ 40

7 **Welche Stadt ist das? Hör zu und ordne zu.**

1

2

3

4

5

6

☐ Frankfurt ☐ Hamburg ☐ Zürich ☐ Wien ☐ München ☐ Berlin

Sprechen

8 **Postkarten raten. Fragt und antwortet wie im Beispiel.**

AB 1–4

Wortschatz

9 Wie heißen die Städte in deiner Muttersprache? Ergänze.

1. Berlin ____________	6. Hamburg ____________
2. Wien ____________	7. München ____________
3. Bern ____________	8. Zürich ____________
4. Innsbruck ____________	9. Stuttgart ____________
5. Köln ____________	10. Salzburg ____________

Wortschatz

10 Wo liegen die Städte? Formuliere Sätze.

1. *München liegt in Süddeutschland.*
2. ____________
3. ____________
4. ____________
5. ____________
6. ____________

Wortschatz

11 Hauptstädte in Europa. Ordne zu.

Hauptstadt	Land	Flagge
Rom	Schweiz	
London	Spanien	
Berlin	Italien	
Madrid	Österreich	
Bern	Frankreich	
Paris	Polen	
Wien	England	
Warschau	Deutschland	

Hören 41

12 Zur Kontrolle: Hör zu und vergleiche.

Hören ▶ 42

13 Was ist richtig? Hör zu und markiere.

Sprechen

14 Bildet Minidialoge wie im Beispiel.

Sebastian, München

Anna, Hamburg

Kai, Salzburg

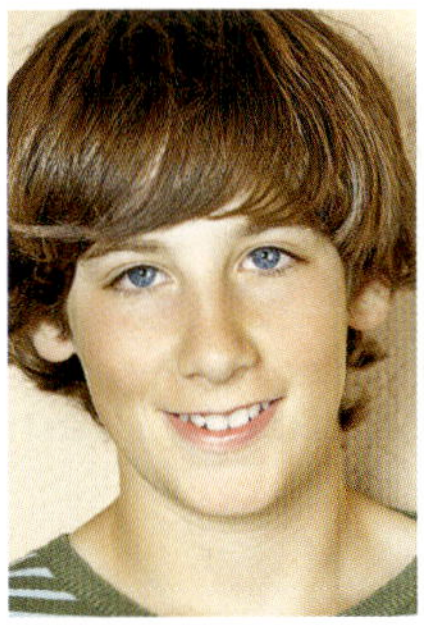
Erik, Düsseldorf

Verena, Innsbruck

- ● Sebastian, wo wohnst du?
- ○ Ich wohne in München.
- ● Und wo liegt München?
- ○ In Süddeutschland!

[Phonetik]

a Hör zu und achte auf *ü* und *ö*. ▶ 43

b Hör zu und sprich nach: i – ü, e – ö ▶ 44

c Kennst du andere Städte mit *ü* und *ö*? Schreibe die Namen auf und sage sie laut.

Lektion 1

Das bin ich!

A Wie heißt du?

Ich bin auch 13.

Grüß dich!

Ich bin 13.

Ich wohne in der Nähe von Nürnberg, in Erlangen.

Ich bin Oliver.

Hallo!

Ich wohne in Nürnberg.

Ich heiße Steffi.

Hören ▶ 49

1 Wer sagt was? Hör zu und ordne zu.

Oliver: ______________________ Steffi: ______________________

______________________ ______________________

Sprechen

2 Beantworte die Fragen

Und du? Wie heißt du? *Wo wohnst du?* *Wie alt bist du?*

Sprechen

3 Stellt euch vor und antwortet.

1. Ich heiße Mattis. Wie heißt du? → Ich heiße Elena. Wie heißt du? → …
2. Ich bin Leon. Wer bist du? → Ich bin Laura. Wer bist du? → …
3. Ich bin 11. Wie alt bist du? → Ich bin 12. Wie alt bist du? → …

Sprechen

4 Fragt und antwortet.

Ja / Nein-Frage

I	II	III
Heißt	du	Daniel?
Bist	du	Daniel?

1. Heißt du Anna? → Nein, ich heiße Greta. Heißt du Claudia? → Nein, ich heiße …
2. Bist du Daniel? → Nein, ich bin Nico. Bist du Andreas? → Nein, ich bin …
3. Wohnst du in Barcelona? → Nein, ich wohne in Madrid. Wohnst du in Athen? → Nein, ich wohne in …

AB 1–6

B Wie ist deine Adresse?

Hören ▶ 51

5 Hörst du das? Kreuze an.

Interviewerin:	Ja	Nein
Steffi, wo wohnst du?	☐	☐
Wo liegt Erlangen?	☐	☐
Hast du auch eine E-Mail-Adresse?	☐	☐

Steffi:	Ja	Nein
Ich bin 13.	☐	☐
Ich wohne in der Bahnhofstraße 16.	☐	☐
Klar! supersteffi@free.de	☐	☐

Sprechen

Fit

6 Beantwortet die Fragen.

Wie heißt du?
Wo wohnst du?
Wo liegt das?
Wie ist deine Adresse?
Hast du ein Handy?
Wie ist deine Handynummer?
Hast du auch eine E-Mail-Adresse?
Wie ist deine E-Mail-Adresse?

W-Frage

I	II	III
Wie	heißt	du?
Wo	wohnst	du?

AB 7–9

C Woher kommst du?

Hören ▶ 53

Fit

7 **Richtig (R) oder falsch (F)? Hör Fatma zu und kreuze an.**

	R	F
Ich wohne in Erlangen.	☐	☐
Ich komme aus Syrien.	☐	☐
Meine Eltern kommen aus der Türkei.	☐	☐
Ich bin in Österreich geboren.	☐	☐
Ich bin 14 Jahre alt.	☐	☐

Aussagesatz

I	II	III
Ich	heiße	Steffi.
Ich	bin	13.

Sprechen

8 **Woher kommen die Personen? Fragt und antwortet.**

Türkei — Italien — Frankreich — Griechenland — Deutschland — Schweiz

a ● Woher kommt Sofia?
○ Sofia kommt aus Italien.

b ● Wer kommt aus Italien?
○ Sofia kommt aus Italien.

[Phonetik]

a Hör zu und lies mit. ▶ 54
Wie heißt du? Wer bist du? Wo wohnst du? Woher kommst du?
Wie – wer – wo – woher! Soo viele Fragen!

b Hör zu und sprich nach. ▶ 55

c Wie heißt du? Woher kommst du? Wo wohnst du? Frag deinen Partner/deine Partnerin und erzähl der Klasse, was er/sie gesagt hat.

Spiel & Spaß

9 **Welche Länder gehören zu den Personen? Verbinde.**

Spiel & Spaß

10 **Welche Farben haben die Flaggen? Nenn sie deinem Partner / deiner Partnerin und mal aus. Viel Spaß!**

AB 10 – 17

Grammatik auf einen Blick

Verben im Präsens (1)

Ich bin Oliver. Wie heißt du? Helena wohnt in Griechenland.

	sein	wohnen	kommen	heißen
ich	**bin**	wohn-**e**	komm-**e**	heiß-**e**
du	**bist**	wohn-**st**	komm-**st**	hei**ß-t** (!)
er, sie	**ist**	wohn-**t**	komm-**t**	heiß-**t**

Bildung:
wohn- / komm- / heiß- +
-**e** (ich), ______ (du), ______ (er/sie)

du heißt

Aussagesatz

I	II	III
Ich	heiße	Steffi.
Ali	kommt	aus der Türkei.
John	wohnt	in Großbritannien.
Ich	bin	13.

Das Verb steht auf Position ______

Ja / Nein-Frage

I	II	III
Heißt	du	Anna?
Bist	du	Daniel?
Wohnst	du	in Barcelona?

Das Verb steht auf Position ______

W-Frage

I	II	III
Wie	heißt	du?
Wie alt	bist	du?
Wo	wohnst	du?

Das Verb steht auf Position ______

Das Fragewort *wo* und die Präposition *in*

Wo wohnst du?	Ich wohne in Deutschland.
Wo wohnt Alexander?	Er wohnt in **der** Schweiz.
Wo wohnt Steffi?	Sie wohnt in Erlangen.

Wo? ●
in Deutschland (Land)
in der Schweiz (Land mit Artikel)
in Erlangen (Stadt)

in **der** Schweiz / in **der** Türkei

Das Fragewort *woher* und die Präposition *aus*

Woher kommst du?	Ich komme aus Italien.
	Ich komme aus Nürnberg.
	Ich komme aus **der** Türkei.

Woher? ←
aus Italien (Land)
aus der Türkei (Land mit Artikel)
aus Nürnberg (Stadt)

aus **der** Türkei / aus **der** Schweiz

Das Fragewort *wer*

Wer bist du? — Ich bin Fatma.
Wer kommt aus Griechenland? — Helena kommt aus Griechenland.

Was heißt wer *in deiner Sprache?*

Wortschatz: Das ist neu!

Hallo!
Grüß dich!
Tschüss!
ja
nein
ich
du
heißen

die Adresse, -n
Wie ist deine Adresse?
die E-Mail-Adresse, -n
das Handy, -s
die Nummer, -n
die Handynummer, -n
Wie ist deine Handynummer?

auch
aus
in
und
dein, deine
mein, meine
die Eltern (Plural)
verstehen
wer?
sein

Wer bist du?
wie?
alt
Wie alt bist du?
wo?
Wo wohnst du?
woher?
Woher kommst du?

geboren
Ich bin in Deutschland geboren.
Deutschland
Frankreich
Griechenland
Großbritannien
Italien
Österreich
Polen
Spanien
Syrien
das Land, ¨-er
kommen
die Türkei
Fatma kommt aus der Türkei.
die Schweiz
wohnen
Alexander wohnt in der Schweiz.
die Stadt, ¨-e
liegen
in der Nähe von
Erlangen liegt in der Nähe von Nürnberg.

Lektion 2

Meine Hobbys

A Freizeitaktivitäten

1

2

3

4

5

6

7

8

9

10

11

12

Wortschatz

1 Was machen die Personen? Ordne zu.

☐ Klavier spielen
☐ fernsehen
☐ Sport treiben
☐ Comics lesen
☐ Fußball spielen
☐ im Internet surfen
☐ Deutsch lernen
☐ Rad fahren
☐ inlineskaten
☐ Tennis spielen
☐ schwimmen
☐ Musik hören

Hören ▶ 58

2 Hör zu und sprich nach.

Hören ▶ 59

3 **Welche Aktivität ist das? Hör die Geräusche und notiere die passende Zahl.**

☐ Klavier spielen	☐ Fußball spielen	☐ inlineskaten
☐ fernsehen	☐ im Internet surfen	☐ Tennis spielen
☐ Sport treiben	☐ Deutsch lernen	☐ schwimmen
☐ Comics lesen	☐ Rad fahren	☐ Musik hören

Wortschatz

4 **Pantomime. Spielt Aktivitäten und ratet.**

Sprechen

5 **Fragt und antwortet.**

Mein Hobby ist Fußball spielen. Und dein Hobby? →

Mein Hobby ist Musik hören. Und dein Hobby? →

Mein Hobby ist … Und dein Hobby? →

B Was machst du in deiner Freizeit?

Hören 60

Fit

6 Hör zu und sprich nach.

	R	F
Olivers Sport ist Handball.	☐	☐
Oliver mag Musik.	☐	☐
Oliver spielt Gitarre.	☐	☐

	R	F
Steffi macht viel Sport.	☐	☐
Steffi spielt in einer Band.	☐	☐
Steffi mag Bücher.	☐	☐

Sprechen

7 Und was machst du in deiner Freizeit?

Verben im Präsens
spiel**en**
ich spiel**-e**

Wortschatz

8 **Was ist positiv? Was ist negativ? Notiere.**

prima: *Pizza, Tennis, Musik,* ______ doof: *Schule, Klavier spielen,* ______

toll: ______ langweilig: ______

Spiel & Spaß

9 **Buchstabensalat. Schreibt die Wörter aus Übung 8 auf Karten und schneidet die Buchstaben aus. Mischt die Karten. Eine Person sagt ein Wort. Wer das Wort zuerst gelegt hat, hat gewonnen.**

PRIMA LANGWEILIG DOOF SUPER …

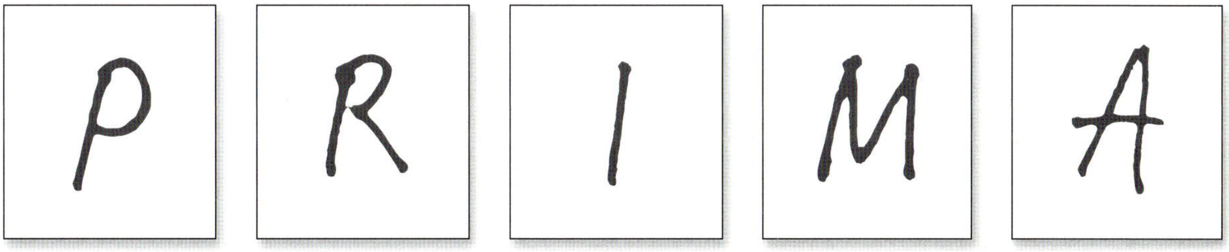

Sprechen

10 **Fragt und antwortet wie im Beispiel.**

- ● Wie findest du Tennis?
- ○ Ich finde Tennis toll!

Verben im Präsens

mach**en**	find**en**
du mach-**st**	du find-**est**!

C Fatma mag Fremdsprachen

Sprechen

11 Was machen die Personen in ihrer Freizeit? Fragt und antwortet wie im Beispiel.

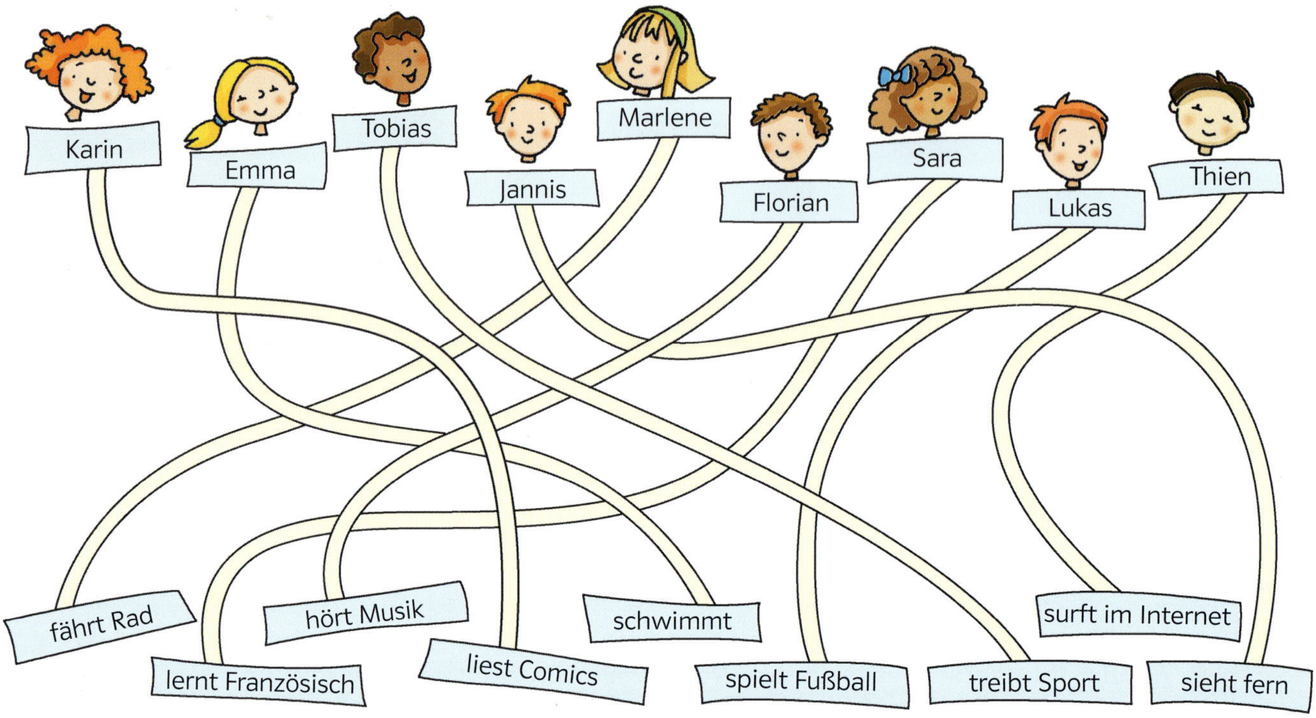

● Was macht Florian in seiner Freizeit?
○ Er hört Musik.

● Was macht Sara in ihrer Freizeit?
○ Sie lernt Französisch.

Lesen

12 Lies und beantworte die Fragen.

In meiner Freizeit lerne ich Fremdsprachen.
Ich mag Fremdsprachen sehr.
Ich spreche natürlich perfekt Deutsch und Türkisch.
Aber ich lerne auch Englisch und Französisch.
Ich möchte später Dolmetscherin werden. Und du?
Welche Sprachen sprichst du?

1. Was macht Fatma in ihrer Freizeit?
2. Welche Sprachen spricht Fatma sehr gut?
3. Welche Sprachen lernt Fatma?
4. Was möchte Fatma werden?

Verben im Präsens
mach**en**
er / sie mach-**t**

Wortschatz

13 Welche Sprachen sprichst du?

Sprachen	sehr gut	nicht sehr gut	nur ein bisschen	kein Wort
Deutsch				
Englisch				
Französisch				
Spanisch				
Polnisch				
Russisch				
Türkisch				
Arabisch				
…				

Sprechen

14 Fragt und antwortet wie im Beispiel.

● Sprichst du Englisch?
○ Ja, ich spreche sehr gut Englisch.
○ Nein, ich spreche kein Wort Englisch.

Vokale: e → i
ich spreche → du sprichst!

Sprechen

15 Was machst du in deiner Freizeit? Macht eine Klassenumfrage und präsentiert die Ergebnisse.

Ich treibe Sport.
Ich spiele ein Instrument. XXX
Ich sehe fern.
Ich höre Musik.
Ich lerne Deutsch.
Ich surfe im Internet. XXXXXX
Ich fahre Rad.
Ich spiele Fußball. XXXXXXXXXXX
Ich lese.
…

Spiel & Spaß

16 Memo-Spiel. Kopiert die Seite und schneidet die Spielkarten aus. Viel Spaß!

Tobias …

Elisa …

Jean Paul …

Marta …

Ali …

sieht fern.

liest Comics.

lernt Deutsch.

fährt Rad.

surft im Internet.

Theo …

John …

Alexander …

Paulina …

Helena …

spielt Gitarre.

spielt Fußball.

skatet.

spielt Tennis.

hört Musik.

[Phonetik]

a Hör zu und achte auf die Satzmelodie. ▶ 62

b Hör zu und sprich nach. Zeig mit der Hand die Satzmelodie. ▶ 63

c Stell deinem Partner / deiner Partnerin Ja / Nein-Fragen.
Er / Sie antwortet mit Ja oder Nein.

AB 8–17

Landeskunde

Die deutschsprachigen Länder

In Europa sprechen ca. 100 Millionen Menschen Deutsch!
Wo spricht man Deutsch?
Deutsch spricht man in Deutschland, in Österreich,
in der Schweiz und in Liechtenstein.
Aber auch in Italien, in der Provinz Bozen (Südtirol),
spricht man Deutsch.
In Deutschland wohnen viele Menschen aus anderen Ländern,
vor allem aus der Türkei.
Junge Leute wie Fatma sprechen zu Hause oft Türkisch,
aber sie sprechen Deutsch in der Schule und im Alltag.

Wortschatz

17 Ordne zu.

Land	Hauptstadt	Einwohner	Flagge
Deutschland	Wien	ca. 7 Millionen	
Österreich	Bern	ca. 35.000	
Schweiz	Vaduz	ca. 82 Millionen	
Liechtenstein	Berlin	ca. 8 Millionen	

Grammatik auf einen Blick

Verben im Präsens (2)

Ich spiele Handball. Fatma lernt Französisch.
Helena und Oliver hören Musik. Wie findest du Tennis?

	spielen	lernen	hören	finden
ich	spiel-**e**	lern-**e**	hör-**e**	find-**e**
du	spiel-**st**	lern-**st**	hör-**st**	find-**est**
er, sie	spiel-**t**	lern-**t**	hör-**t**	find-**et**
sie	spiel-**en**	lern-**en**	hör-**en**	find-**en**

findest, findet

Bildung:
spiel- / lern- / hör- + ____ (ich), ____ (du), ____ (er / sie), ____ (sie)

Ich sehe fern. Steffi liest gern Comics. Sprichst du Englisch?
Manuela fährt Rad.

	sehen	lesen	sprechen	fahren
ich	seh-e	les-e	sprech-e	fahr-e
du	s**ie**h-st	l**ie**s-t	spr**i**ch-st	f**ä**hr-st
er, sie	s**ie**h-t	l**ie**s-t	spr**i**ch-t	f**ä**hr-t
sie	seh-en	les-en	sprech-en	fahr-en

Wo ändert sich der Vokal?

Bei einigen Verben mit *e* und *a* ändert sich bei __________ und __________ der Vokal:
e → *i* / *ie* und *a* → *ä*

Personalpronomen (1)

Oliver treibt Sport. — **Er** spielt Handball.
Steffi mag Musik. — **Sie** spielt Gitarre.
John und **Tom** spielen Fußball. — **Sie** sind in einer Mannschaft.

Was heißt was *und* wie *in deiner Sprache?*

Die Fragewörter *wie* und *was*

Was machst du in deiner Freizeit?
Wie findest du Tennis?

Wortschatz: Das ist neu!

die Sprache, -n
lernen
sprechen (er spricht) *Ich spreche sehr gut Englisch.*
sie (Singular) *Sie lernt Deutsch.*
welche? *Welche Sprachen sprichst du?*
Deutsch
Englisch
Französisch
Russisch

Polnisch
Spanisch
Türkisch *Fatma spricht Türkisch.*
ich mag
die Fremdsprache, -n *Ich mag Fremdsprachen.*
ein bisschen *Ich spreche ein bisschen Deutsch.*

die Freizeit (Singular)

was?
Was macht Oliver in seiner Freizeit?

das Hobby, -s

lesen (er liest)

der Comic, -s

fernsehen (er sieht fern)
Ich sehe fern.

das Internet (Singular)

surfen

er
Er surft im Internet.

der Sport (Singular)

treiben
Treibst du Sport?

sportlich

das Tennis (Singular)

der Handball (Singular)

der Fußball (Singular)

sie (Plural)

spielen
Sie spielen Fußball.

die Mannschaft, -en
Ich spiele in einer Mannschaft.

Rad fahren (er fährt Rad)
Ich fahre gern Rad.

schwimmen

inlineskaten (er skatet)

wie?

finden (er findet)
Wie findest du Handball?

cool

blöd

doof

langweilig

prima

schrecklich

super

toll

die Musik (Singular)

das Instrument, -e
Spielst du ein Instrument?

die Gitarre, -n

das Klavier, -e

hören

gern
Ich höre gern Musik.

die Band, -s
Ich spiele in einer Band.

nur

später

viel

ihr, ihre

sein, seine

sehen (er sieht)

machen

sagen
Sag mal!

werden (er wird)

der Schüler, -

die Schülerin, -nen

das Wort, ¨-er

Europa (Singular)

die Flagge, -n

der Einwohner, -

der Mensch, -en

Zwischenstation 1

Jugendliche

Ich suche einen E-Mail-Partner

Autor: Pierre	Hallo! Ich bin Pierre (14), wohne in Straßburg (Frankreich) und lerne schon zwei Jahre Deutsch. Meine Hobbys: Internet, Computerspiele und Musik. Ich spiele Gitarre. Wer schreibt mir eine E-Mail? Meine E-Mail-Adresse: **pierre@free.fr**
Autor: Alona	Ich bin Alona aus Omsk und möchte gern Leute aus Europa kennen lernen. Ich spreche Deutsch und Englisch. Und natürlich Russisch! Meine Hobbys: Sprachen, Tanzen und Schwimmen. **alonagalina@belov.rus**
Autor: Sven	Hallo Freunde! Ich bin Sven aus Norwegen und möchte neue Jungs und Mädchen kennen lernen. Ich bin 13, lerne Deutsch und Englisch in der Schule und mag Sport, vor allem Ski fahren. Schreibst du mir? **Svenpet@norwekom.nr**
Autor: Melanie	Ich heiße Melanie und bin aus Hamburg. Ich möchte E-Mails schreiben, chatten und SMS schicken. Inlineskaten finde ich super! Ich möchte auf Deutsch oder Englisch schreiben! **Melanied@t-online.de**

Lesen

1 Wer ist das? Lies die Texte und ergänze.

1. Er / Sie spielt ein Instrument. Das ist ____________________
2. Er / Sie wohnt nicht in Europa. Das ist ____________________
3. Er / Sie skatet gern. Das ist ____________________
4. Er / Sie lernt zwei Fremdsprachen. Das ist ____________________

Schreiben

Fit **2 Du möchtest neue Leute kennen lernen. Schreib einen Text über dich in das Forum.**

Autor: ____________	*Hallo! Ich* ____________________

Sprechen

Fit **3** **Wer bist du? Zieh eine Karte und stell dich als neue Person vor.**

Name: Sophia
Alter: 13
Wohnort: Stuttgart
Herkunft: Mailand (Italien)
Sprachen: Deutsch, Italienisch
Hobbys: tanzen, chatten

Name: Mario
Alter: 12
Wohnort: Berlin
Herkunft: Buenos Aires (Argentinien)
Sprachen: Spanisch, Deutsch, Englisch
Hobbys: Sport, lesen, Mode

Name: Monika
Alter: 13
Wohnort: München
Herkunft: Stettin (Polen)
Sprachen: Polnisch, Deutsch, Englisch
Hobbys: Theater spielen, tanzen und Musik

Name: Leo
Alter: 13
Wohnort: Berlin
Herkunft: Freiburg
Sprachen: Deutsch, Englisch
Hobbys: klassische Musik, lesen, schwimmen

Name: Johanna
Alter: 12
Wohnort: Stuttgart
Herkunft: Berlin
Sprachen: Deutsch, Französisch
Hobbys: Gitarre, Handball

Name: Julius
Alter: 12
Wohnort: München
Herkunft: Berlin
Sprachen: Deutsch, Englisch
Hobbys: E-Mails schreiben, chatten und simsen

Hören ▶ 67

4 **Hör das Interview und ergänze den Steckbrief.**

Name: ______________________

Alter: ______________________

Wohnort: *Berlin*

Herkunft: ______________________

Sprachen: ______________________

Hobbys: ______________________ *und Motoren*

Wortschatz

5 Elf Wörter sind vertauscht. Schreibe den Text richtig.

Mia ist 15 Jahre alt und kommt aus Kiel. Das liegt in Deutsch. Sie wohnt in der Gartenstraße 9. Sie spricht sehr gut Norddeutschland, Englisch und ein bisschen Griechisch. Mias beste Freundin spricht Elena. Elena heißt auch Deutsch und Griechisch, aber sie lernt auch Englisch und Französisch in der Freizeit. Mia und Elena mögen Fremdsprachen sehr.

In der Schule machen Mia und Elena viel zusammen: Elena spielt Gitarre und Mia spielt sehr gut Klavier. Mia findet das langweilig, sie mag Musik. Sie fahren auch zusammen Sport: Mia und Elena spielen Rad und treiben Tennis. Mia sieht am Abend immer fern: Eine TV-Serie!
Elena findet das toll. Sie liest gern Comics oder ein Buch.

Mia ist 15 Jahre alt und kommt aus Kiel. Das liegt in Norddeutschland. Sie wohnt in der Gartenstraße 9. Sie spricht sehr gut Deutsch, Englisch und ein bisschen Griechisch.

Schreiben

6 Schreib einen neuen Rätseltext. Dein Partner / deine Partnerin korrigiert.

Sprechen

7 Kennst du den Prominenten? Beschreibe eine / n Sportler/in oder Musiker/in. Dein Partner / deine Partnerin rät den Namen.

Die Musikerin kommt aus Deutschland.
Sie spielt Gitarre und singt.
Die Lieder sind deutsch und englisch.
Sie singt „99 Luftballons".

Heißt die Sängerin Madonna?

Nein, das ist falsch!

Heißt die Sängerin Nena?

JA, DAS STIMMT!

Landeskunde

FREIZEIT

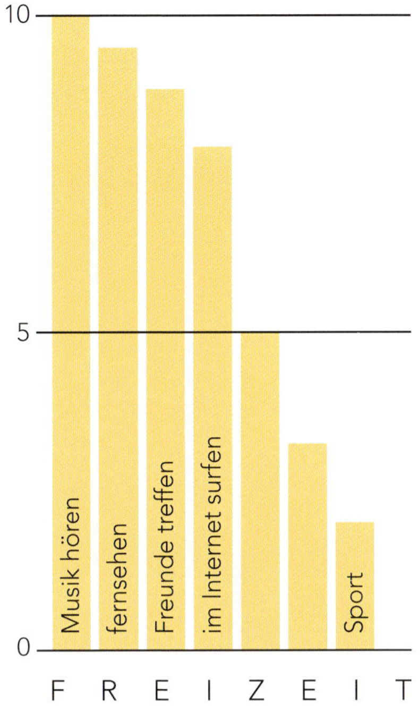

Was machen die Jugendlichen gerne in ihrer Freizeit?
Die drei beliebtesten Hobbys der Jugendlichen in Deutschland sind Musik hören, fernsehen und Freunde treffen.

Surfen die Jugendlichen auch im Internet?
Ja, das Hobby „im Internet surfen" steht auf Platz 4 der beliebtesten Freizeitaktivitäten.

Was genau machen die Jugendlichen im Internet?
Sie spielen Computerspiele, besuchen Facebook, schreiben E-Mails, kaufen online ein oder suchen Informationen.

Sind die deutschen Jugendlichen sportlich?
Ja, aber nicht alle Jugendlichen sind sportlich. „Sport treiben" ist erst auf Platz 7 der beliebtesten Hobbys. Diese Jugendlichen sind im Sportverein aktiv oder machen einen Trendsport (Skateboard fahren, klettern, ...). Andere Jugendliche spielen nicht so gern Fußball oder Tennis, sie spielen lieber am Computer.

Lesen

8 Richtig (R) oder falsch (F)? Lies das Interview und kreuze an.

	R	F
Die deutschen Jugendlichen sehen gerne fern.	☐	☐
Die Jugendlichen hören viel Musik im Internet.	☐	☐
Alle Jugendlichen in Deutschland mögen Sport.	☐	☐

Sprechen

9 Diskutiert in der Klasse.

Was machen die Jugendlichen in eurer Stadt gerne in der Freizeit?

Lektion 3

Papa, Mama & Co.

A Familien heute

Wir sind sechs Personen zu Hause: Mein Vater Günter (48), meine Mutter Angelika (44), mein Bruder Florian (15), meine Schwester Anna (6), mein Opa Heinrich (72) und ich. Zu Hause wohnt auch unser Hund Dedalus.

Meine Eltern sind geschieden. Ich wohne mit meiner Mutter Gisela in Erlangen. Mein Vater heißt Paul und wohnt jetzt in München. Wir sehen uns zweimal im Monat. Wir haben eine Katze, Molly, und ein Meerschweinchen. Es heißt Fritz.

Lesen

1 Zum Verständnis: Bilde Sätze.

Der Vater			noch klein.
Die Mutter			72 Jahre alt.
Die Schwester			Molly.
Der Bruder		heißt	Günter.
Der Opa	von Oliver	ist	geschieden.
Der Hund		wohnt	Günter und Angelika.
Die Katze	von Steffi	heißen	15 Jahre alt.
Die Eltern		sind	Dedalus.
Das Meerschweinchen			Fritz.
			in München.

Der Vater von Oliver heißt Günter.

Sprechen

2 **Wer ist das? Sprich mit deinem Partner / deiner Partnerin und ordne zu.**

- ☐ a die Mutter von Steffi
- ☐ b die Schwester von Oliver
- ☐ c Steffi
- ☐ d die Eltern von Oliver
- ☐ e der Hund von Oliver
- ☐ f der Vater von Oliver
- ☐ g das Meerschweinchen von Steffi
- ☐ h der Opa von Oliver
- ☐ i der Bruder von Oliver

Hören ▶ 68

3 **Zur Kontrolle: Hör zu und vergleiche.**

Sprechen

4 **Fragt und antwortet wie im Beispiel.**

- ● Wer ist Heinrich?
- ○ Das ist der Opa von Oliver.

- ● Wer sind Günter und Angelika?
- ○ Das sind die Eltern von Oliver.

- ● Wer ist …?
- ○ ______________________

Sprechen

5 **Fragt und antwortet wie im Beispiel.**

Personalpronomen

maskulin	neutral	feminin	Plural
der Hund	das Pferd	die Mutter	die Eltern
→ er	→ es	→ sie	→ sie

B Ich habe einen Bruder

Hören 69

6 Oliver oder Steffi? Hör zu und kreuze an.

	Oliver	Steffi	
1.	☐	☐	hat einen Bruder.
2.	☐	☐	ist ein Einzelkind.
3.	☐	☐	hat eine Schwester.
4.	☐	☐	hat keine Geschwister.

Sprechen

7 Fragt und antwortet.

Hast du Geschwister? → Ja, ich habe einen Bruder. Und du? Hast du Geschwister?
→ Nein, ich bin Einzelkind. Und du? Hast du Geschwister? → Ja, ich habe …

Sprechen

Fit

8 Stell deine Familie vor.

Wie viele Personen seid ihr zu Hause? Hast du Geschwister?
Wie heißt dein Bruder? Und deine Schwester?
Wohnt deine Oma / dein Opa bei dir?
Wie alt ist sie / er? Hast du einen Hund oder eine Katze?

AB 8–10

C Wir gehören auch zur Familie

Ich habe eine Katze und ein Meerschweinchen. Ich möchte auch einen Hund haben, aber meine Mutter will es nicht. Sie sagt, wir haben keinen Platz zu Hause.

Ich mag Haustiere. Leider habe ich nur einen Hund. Aber ich möchte so gern einen Hamster haben. Oder zwei Goldfische.

Lesen

Fit **9 Richtig (R) oder falsch (F)? Lies und kreuze an.**

	R	F
Steffi hat zwei Haustiere.	☐	☐
Steffi möchte keinen Hund haben.	☐	☐
Oliver hat vier Haustiere.	☐	☐

Sprechen

10 Was ist richtig? Fragt und antwortet wie im Beispiel.

Ich bin Molly und bin ein Meerschweinchen.

Ich bin eine Katze und heiße Dedalus.

Und ich bin Fritz. Ich bin ein Hamster.

- ● Ist Molly ein Meerschweinchen?
- ○ Nein, Molly ist kein Meerschweinchen. Sie ist eine Katze.

Negation mit *kein* (Nominativ)

maskulin	neutral	feminin	Plural
kein	kein	keine	keine

Hören ▶ 71

11 **Hör zu und sprich nach.**

der Hund

der Goldfisch

das Kaninchen

die Schildkröte

die Katze

der Hamster

der Kanarienvogel

das Pferd

Grammatik

12 **Hast du Haustiere? Ergänze die Tabelle.**

Ich habe ...

einen	ein	eine	zwei, drei ...
			Hunde
			Katzen
			Goldfische
			Hamster
			Kaninchen
			Kanarienvögel
			Schildkröten
			Pferde

Der unbestimmte Artikel (Akkusativ)

maskulin	neutral	feminin	Plural
einen	ein	eine	–

Sprechen

13 Fragt und antwortet.

Hast du Haustiere? → Ja, ich habe einen Hund. Hast du Haustiere?
→ Nein, ich habe leider keine Haustiere. Hast du Haustiere? → Ja, ich habe zwei …

Sprechen

14 Immer nur Nein! Fragt und antwortet.

- Hast du einen Hamster?
- Nein, ich habe keinen Hamster, aber eine Katze!

Negation mit *kein* (Akkusativ)

maskulin	neutral	feminin	Plural
keinen	kein	keine	keine

Sprechen

15 Stell die Personen vor.

Sebastian, 12
Frankfurt
Mitteldeutschland
1 Schwester (Susi)
1 Hund (Trixi)

Martina, 10
Pinneberg / Hamburg
Norddeutschland
Einzelkind
1 Katze (Mautzi)

Thomas, 14
Freising / München
Süddeutschland
2 Brüder (Timo, Max)
1 Pferd (Vento)

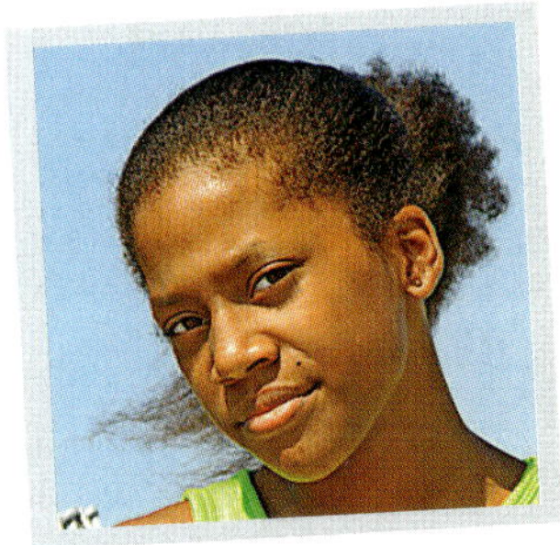

Regina, 15
Innsbruck
Österreich
1 Bruder (Peter)
1 Kanarienvogel
(Tschipi)

Also, Thomas ist 14 und wohnt in Freising. Das liegt in Süddeutschland, bei München. Thomas hat zwei Brüder. Sie heißen Timo und Max. Thomas hat auch ein Pferd. Es heißt Vento.

[Phonetik]

a Hör zu und lies mit. ▶ 72
Zehn – Zürich, zwölf – zwei, Fritz – Platz, Katze – Einzelkind – Französisch

b Hör zu und sprich nach. ▶ 73

c Hör zu und sprich nach. Übt zu zweit. Fragt und antwortet. ▶ 74
Was machen zehn Katzen?
Zehn Katzen sitzen um zwölf Uhr auf dem Fritzplatz in Zürich.

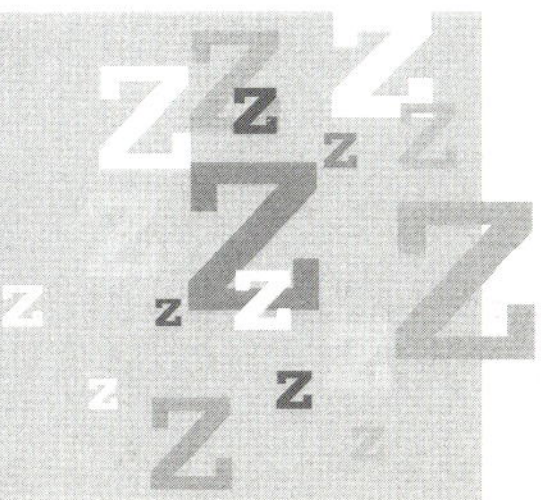

Spiel & Spaß

16 **Kreuz in A fünf Felder an. Dein Partner / deine Partnerin kreuzt fünf Felder in B an. Frag wie im Beispiel. Ist die Antwort „Ja“, frag gleich noch mal. Ist die Antwort „Nein“, fragt dein Partner / deine Partnerin. Wer zuerst fertig ist, hat gewonnen. Viel Spaß!**

- ● Hat Tobias zwei Brüder?
- ○ Nein.

- ● Hat Alexander eine Schwester?
- ○ Ja, er hat eine Schwester.

A

hat	zwei Brüder	einen Bruder und eine Schwester	einen Bruder und einen Hund	keine Geschwister und keine Haustiere	zwei Schwestern
Tobias	☐	☐	☐	☐	☐
Elisa	☐	☐	☐	☐	☐
Jean-Paul	☐	☐	☐	☐	☐
Marta	☐	☐	☐	☐	☐
Ali	☐	☐	☐	☐	☐

B

hat / ist	Einzelkind	ein Pferd, aber keine Geschwister	eine Schwester	eine Schwester und eine Katze	viele Haustiere
Theo	☐	☐	☐	☐	☐
John	☐	☐	☐	☐	☐
Alexander	☐	☐	☒	☐	☐
Paulina	☐	☐	☐	☐	☐
Helena	☐	☐	☐	☐	☐

Grammatik auf einen Blick

sein und *haben* im Präsens

Hast du Geschwister? Helena hat viele Haustiere.
Wie viele seid ihr zu Hause? Wir sind sechs Personen.

	sein	haben
ich	bin	habe
du	bist	hast
er, es, sie	ist	hat
wir	sind	haben
ihr	seid	habt
sie	sind	haben

Die Verben *sein* und *haben* sind unregelmäßig. Lern die Formen am besten auswendig!

Der bestimmte Artikel

Der Vater von Oliver heißt Günter.
Das Meerschweinchen von Steffi heißt Fritz.
Die Mutter von Oliver heißt Angelika.
Die Geschwister von Oliver heißen Florian und Anna.

maskulin	neutral	feminin	Plural
der	das	die	die
Vater Bruder Opa Hund	Kind Kaninchen	Mutter Schwester Oma Katze	Eltern Geschwister Großeltern Haustiere

Welche Artikel kennst du schon?

Nomen haben im Deutschen ein Genus.

Es gibt ______ verschiedene Genera: maskulin, neutral, feminin. Du erkennst das Genus am bestimmten Artikel:

d___ , d___ , d___ .

Personalpronomen (2)

der Vater — Er heißt Günter.
der Hund — Er heißt Dedalus.
das Kind — Es heißt Werner.
das Pferd — Es heißt Vento.
die Mutter — Sie heißt Angelika.
die Katze — Sie heißt Molly.
die Haustiere — Sie heißen Dedalus und Molly.

maskulin	neutral	feminin	Plural
der Hund → er	das Pferd → ________	die Katze → ________	die Haustiere → ________

Welches Personal-pronomen gehört zu welchem Genus?

Possessivartikel (1)

Mein Vater wohnt in München.
Meine Mutter heißt Angelika.
Meine Eltern sind geschieden.

maskulin	neutral	feminin	Plural
mein / dein	mein / dein	meine / deine	meine / deine
Bruder Hund	Kind Pferd	Mutter Katze	Eltern Haustiere

Der unbestimmte Artikel: Nominativ und Akkusativ (1)

Dedalus ist **ein Hund**.
Ist Fritz **ein Meerschweinchen**?
Ich heiße Molly und bin **eine Katze**.
Molly und Dedalus sind **Haustiere**.

Ich habe **einen Bruder**. Ich habe **einen Hund**.
Herr und Frau Meier haben **ein Kind**. Thomas hat **ein Pferd**.
Marlena hat **eine Schwester**. Marlena hat **eine Katze**.
Hast du **Geschwister**? Ich mag **Haustiere**.

Welche Form ist im Akkusativ anders?

Der unbestimmte Artikel ändert sich im Akkusativ
☐ maskulin ☐ neutral ☐ feminin

	maskulin	neutral	feminin	Plural
Nominativ	ein	ein	eine	-
Akkusativ	ein**en**	ein	eine	-

Negation mit *kein*

Ist Dedalus **ein** Hamster?	Nein, er ist **kein** Hamster.
Ist Fritz **ein** Pferd?	Nein, Fritz ist **kein** Pferd.
Hast du **eine** Katze?	Nein, ich habe **keine** Katze.
Hast du Geschwister?	Nein, ich habe **keine** Geschwister.

Woher kennst du die Formen?

kein steht immer vor einem Nomen. Die Formen von *kein* sind gleich wie beim ☐ unbestimmten ☐ bestimmten Artikel.

	maskulin	neutral	feminin	Plural
Nominativ	kein	kein	keine	keine
Akkusativ	kein**en**	kein	keine	keine

Plural

-er	
das Kind	die Kind**er**
-e	
der Hund	die Hund**e**
der Fisch	die Fisch**e**
-n	
die Schwester	die Schwester**n**
die Katze	die Katze**n**

–	
der Hamster	die Hamster
das Kaninchen	die Kaninchen
¨	
die Mutter	die M**ü**tter
der Vogel	die V**ö**gel
-s	
die Oma	die Oma**s**
der Opa	die Opa**s**

Lern Nomen immer mit Artikel und Pluralform!

Wortschatz: Das ist neu!

die Familie, -n
die Mutter, ¨
der Vater, ¨
von *Das ist die Mutter von Oliver.*
die Geschwister (Plural) *Hast du Geschwister?*
haben (er hat)
kein, keine *Ich habe keine Geschwister.*
die Schwester, -n
der Bruder, ¨ *Ich habe einen Bruder.*
das Einzelkind, -er *Ich bin Einzelkind.*
geschieden *Meine Eltern sind geschieden.*
die Großeltern (Plural)
die Oma, -s
der Opa, -s
die Person, -en *Wir sind fünf Personen zu Hause.*

das Haustier, -e
der Goldfisch, -e
der Hamster, -
ich, er, sie möchte
der Hund, -e *Ich möchte gern einen Hund haben.*
der Kanarienvogel, ¨
das Kaninchen, -
ich, er, sie will
die Katze, -n *Meine Mutter will keine Katze.*
das Pferd, -e
die Schildkröte, -n
das Meerschweinchen, -
oder *Ich möchte einen Hund oder eine Katze.*

aber
klein
leider
mit
nicht
der Platz, ¨e *Wir haben keinen Platz zu Hause.*
wir
wie viele?
zu Hause *Wir haben zu Hause viele Tiere.*

Lektion 4

Meine Freunde

A Mein bester Freund, meine beste Freundin

*Mein bester Freund ist Markus.
Er wohnt auch in Nürnberg, nicht weit weg von mir.
Er ist 13, wie ich.
Wir sind beide in der Klasse 7b.
Nachmittags lernen wir zusammen.
Er spielt Fußball und ist ein großer Fan vom 1. FC Nürnberg.
Manchmal gehen wir ins Stadion, aber nicht allein.
Mein Vater kommt mit.*

*Tanja ist meine beste Freundin.
Sie wohnt auch in der Bahnhofstraße in Erlangen, wie ich.
Sie ist 14, ein Jahr älter als ich.
Sie ist in der Klasse 8a.
Wir haben dieselben Hobbys: Musik und Lesen.
Sie singt in einem Chor. Manchmal machen wir zusammen Musik: Ich spiele Gitarre und sie singt.
Wir telefonieren viel oder wir schicken uns SMS.*

Lesen

1 Ergänze die Tabelle.

	Olivers bester Freund	Steffis beste Freundin
Name		
Alter		
Wohnort		
Klasse		
Hobbys		
gemeinsame Aktivitäten		

Sprechen

2 Benutze deine Notizen und stell Tanja und Markus vor.

Also, Olivers bester Freund heißt Markus. Er …

Die beste Freundin von Steffi ist Tanja. Sie …

Sprechen

Fit

3 Beantworte die Fragen.

Wie heißt dein bester Freund / deine beste Freundin? Wie alt ist er / sie?
In welcher Klasse ist er / sie? Wo wohnt er / sie?
Kennt ihr euch schon lange? Was macht er / sie in seiner / ihrer Freizeit?
Habt ihr gemeinsame Hobbys und Interessen?

Verben im Präsens
hab**en**
ihr hab**-t**

Wortschatz

4 Wie sind die Personen? Lies und markiere die Adjektive.

- ● Wie findest du Tanja?
- ○ Sie ist bestimmt sehr nett und intelligent.

- ● Oliver, wie ist dein Freund Markus?
- ○ Er ist sportlich und sehr lustig. Manchmal ist er ein bisschen chaotisch, aber ich finde, er ist wirklich cool.

Adjektive
Wie ist …?

[☺ nett • intelligent • lustig • hilfsbereit • geduldig
☹ launisch • langweilig • schüchtern • chaotisch • ungeduldig]

Sprechen

5 Wie findest du Markus und Tanja? Fragt und antwortet.

- ● Wie findest du Tanja?
- ○ Ich finde, sie ist sehr sympathisch.

- ● Wie findest du Markus?
- ○ Er ist bestimmt …

Sprechen

6 Fragt und antwortet.

Wie ist dein bester Freund / deine beste Freundin? → Er / sie ist sehr nett.
Wie ist dein bester Freund / deine beste Freundin? → Er / sie ist …

AB 1–6

B Meine Clique

Hören ▶ 79

Fit **7** **Richtig (R) oder falsch (F)? Hör zu und kreuze an.**

	R	F
In Olivers Clique sind 8 Jungen.	☐	☐
Die Mädchen und Jungen der Clique kennen sich schon lange.	☐	☐
Sie gehen manchmal zusammen ins Jugendzentrum oder ins Kino.	☐	☐
Sie spielen auf dem Marktplatz Fußball.	☐	☐
Sie treffen sich immer bei Oliver zu Hause.	☐	☐

Sprechen

8 Fragt und antwortet wie im Beispiel.

● Was macht ihr zusammen in der Clique?
○ Wir lernen zusammen für die Schule.

Verben im Präsens
geh**en**
wir geh-**en**

[ins Kino gehen • ins Jugendzentrum gehen • Fußball spielen • Musik machen • Computerspiele spielen • Rad fahren]

Schreiben

9 Ergänze die Sätze und frage deinen Partner / deine Partnerin. Schreibe dann einen kurzen Text.

Und wie ist es bei dir?
Bist du in einer Clique?
Wie viele seid ihr?
Was macht ihr?
Wo trefft ihr euch?

1. In meiner Clique sind wir …
   - ☐ 6 / 8 / 10 / … Leute.
   - ☐ nur Jungen.
   - ☐ nur Mädchen.
   - ☐ Jungen und Mädchen.

2. Wir kennen uns …
   - ☐ schon lange.
   - ☐ erst seit einiger Zeit.
   - ☐ seit 2 / 13 / 14 Jahren.

3. Wir treffen uns …
   - ☐ auf dem Marktplatz.
   - ☐ vor dem Einkaufszentrum.
   - ☐ im Jugendzentrum.
   - ☐ bei mir zu Hause.

4. Wir gehen zusammen …
   - ☐ ins Kino.
   - ☐ spazieren.
   - ☐ in die Eisdiele.
   - ☐ ins Jugendzentrum.

5. Wir haben gemeinsame Hobbys und Interessen:
   - ☐ wir spielen Fußball / Volleyball / …
   - ☐ wir spielen Computerspiele.
   - ☐ wir machen zusammen Hausaufgaben.
   - ☐ wir sprechen über Musik / Sport / …

In meiner Clique sind wir ____________________

____

____

____

____

AB 7–11

C Treffpunkte

Wortschatz

10 Was ist das? Ordne zu.

- ☐ der Tennisclub
- ☐ das Jugendzentrum
- ☐ das Schwimmbad
- ☐ die Eisdiele
- ☐ das Kino
- ☐ die Turnhalle
- ☐ der Park
- ☐ die Pizzeria

Hören ▶ 80

11 Zur Kontrolle: Hör zu und sprich nach.

Hören ▶ 81

12 Wo oder wohin? Hör zu und ordne zu.

Wo?	Wohin?
Wir treffen uns …	Wir gehen … in **den** Tennisclub.

Sprechen

13 Fragt und antwortet wie im Beispiel.

Treffen wir uns	vor dem / im vor dem / im vor der / in der	Tennisclub Kino Turnhalle Pizzeria Jugendzentrum Park Eisdiele Schwimmbad	?

Präposition *in*
in + dem = im

a ● Treffen wir uns vor dem Kino?
○ Ja. Gute Idee.
○ Nein, nicht vor dem Kino. Lieber in der Pizzeria.

b ● Wo treffen wir uns?
○ Treffen wir uns vor der Eisdiele?
● Ja, okay.

Sprechen

14 Fragt und antwortet wie im Beispiel.

Gehen wir	in den ins in die	Tennisclub Kino Turnhalle Pizzeria Jugendzentrum Park Eisdiele Schwimmbad	?

Präposition *in*
in + das = ins

a ● Gehen wir ins Kino?
○ Ja. Gute Idee.
○ Nein, gehen wir lieber in die Pizzeria!

b ● Wohin gehen wir?
○ Gehen wir ins Kino!

[Phonetik]

a Hör zu und achte auf die Intonation. ▶ 82

b Frage oder Aufforderung?
Hör zu und notiere **?** (Frage) oder **!** (Aufforderung). ▶ 83
1. ☐ 2. ☐ 3. ☐ 4. ☐ 5. ☐ 6. ☐

c Mach deinem Partner / deiner Partnerin Vorschläge, was ihr machen könnt. Achte dabei auf die richtige Intonation.

Spiel & Spaß

15 **Würfel und sage wie im Beispiel, wohin du gehst. Kommst du auf ein „Treffpunkt-Feld", fragt der/die nächste Spieler/in vor dem Würfeln: Wo bist du? Antworte. Vergisst jemand den Satz oder die Frage, muss er/sie eine Runde Pause machen. Wer zuerst im Ziel ist, gewinnt. Viel Spaß!**

In der Stadt unterwegs

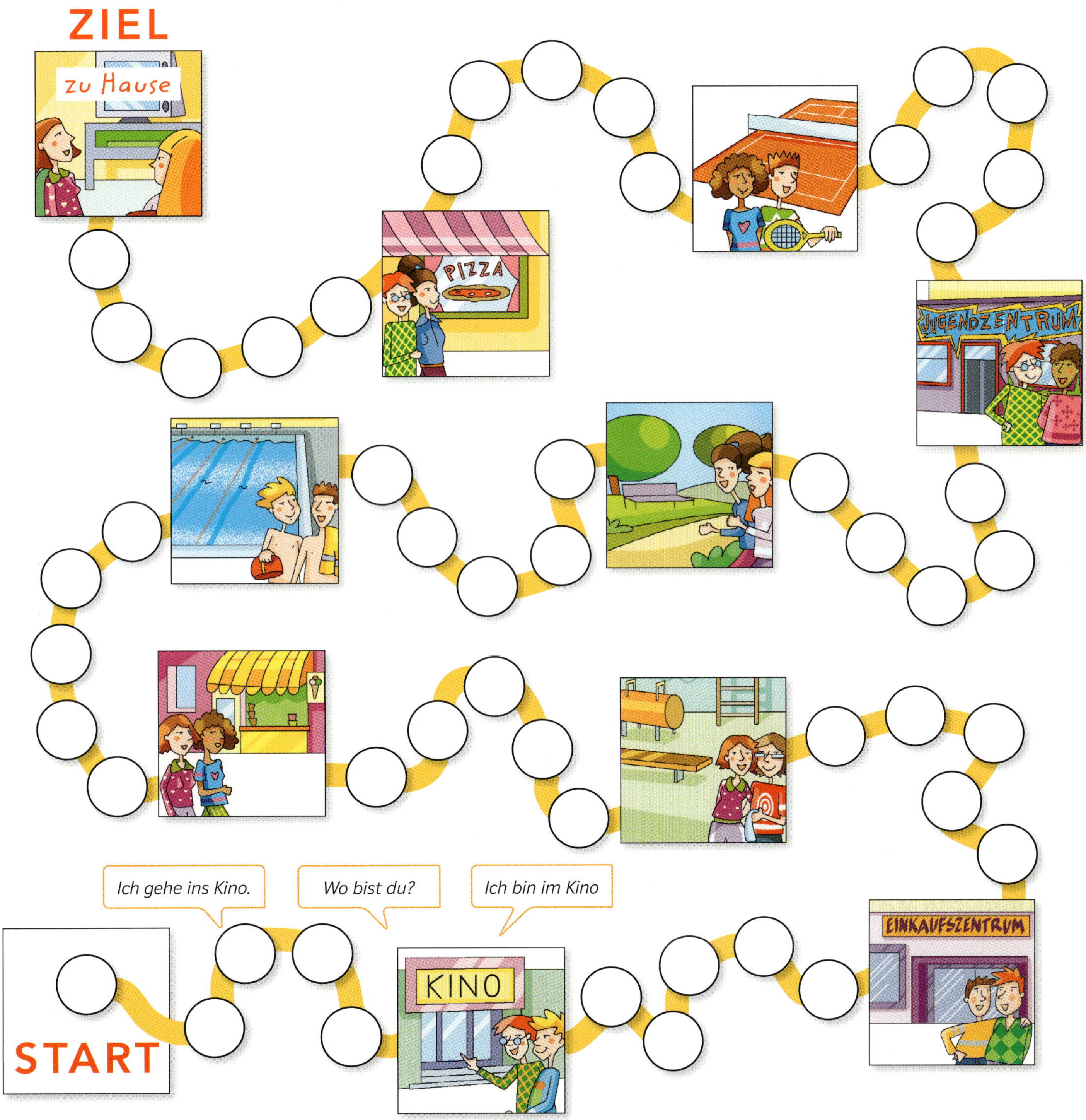

Grammatik auf einen Blick

Verben im Präsens (3)

Wir spielen im Garten Fußball.
Manchmal gehen wir ins Stadion.
Kennt ihr Markus schon lange?
Wo triffst du deine Freunde?

	spielen	gehen	kennen	treffen
ich	spiel-**e**	geh-**e**	kenn-**e**	treff-**e**
du	spiel-**st**	geh-**st**	kenn-**st**	triff-**st**
er, es, sie	spiel-**t**	geh-**t**	kenn-**t**	triff-**t**
wir	spiel-**en**	geh-**en**	kenn-**en**	treff-**en**
ihr	spiel-**t**	geh-**t**	kenn-**t**	treff-**t**
sie	spiel-**en**	geh-**en**	kenn-**en**	treff-**en**

Bildung:
spiel- / geh- / kenn- +
_______ (ich), _______ (du),
_______ (er / es / sie)
_______ (wir), _______ (ihr),
_______ (sie)

Adjektive

Wie findest du Markus?
Wie ist Tanja?
Wie ist deine beste Freundin?

Markus ist sympathisch.
Tanja ist nett und intelligent.
Sie ist ungeduldig.

Wie fragst du nach Adjektiven?

Das Fragewort für Adjektive ist:
______?

Die Fragewörter *wo* und *wohin* und die Präposition *in*

Wo treffen wir uns?
Wir treffen uns im Tennisclub / im Kino / in der Eisdiele.

Wohin gehen wir?
Wir gehen in den Tennisclub / in die Eisdiele / ins Kino.

	maskulin	neutral	feminin
wo?	im (= in dem)	im (= in dem)	in der
wohin?	in den	ins (= in das)	in die

Jemand / etwas befindet sich an einem Ort ●:

Frage: ____________?

Jemand / etwas bewegt sich in eine Richtung →:
Frage: ____________?

Wortschatz: Das ist neu!

die Leute (Plural)
Wir sind acht Leute.

der Junge, -n

das Mädchen, -

der Name, -n

---

die Clique, -n
Bist du in einer Clique?

der Freund, -e

die Freundin, -nen

bester, beste, bestes
Mein bester Freund heißt Markus.
Meine beste Freundin heißt Tanja.

kennen
Kennst du Martina?

lange
Wir kennen uns schon lange.

---

allein

gemeinsam
Wir haben gemeinsame Interessen.

zusammen
Wir machen zusammen Hausaufgaben.

beide

---

chaotisch

sympathisch

geduldig

hilfsbereit

intelligent

launisch

lustig

nett

schüchtern

ungeduldig

---

der Chor, ¨-e

singen
Ich singe in einem Chor.

der Treffpunkt, -e

das Einkaufszentrum, Einkaufszentren

die Eisdiele, -n

gehen
Wir gehen ins Kino oder in die Eisdiele.

das Jugendzentrum, Jugendzentren

---

das Kino, -s

der Marktplatz, ¨-e

der Park, -s

die Pizzeria, -s

das Schwimmbad, ¨-er

das Stadion, Stadien

der Fan, -s
Ich bin Fan vom FC Bayern München.

der Tennisclub, -s

die Turnhalle, -n

ihr
Was macht ihr?

bei

sich treffen (er trifft sich)
Wir treffen uns bei mir.

mitkommen (er kommt mit)

---

die Klasse, -n

die Hausaufgabe, -n

---

auf
auf dem Marktplatz

für

gut

die Idee, -n

das Interesse, -n

lieber

manchmal

schon

nur

die SMS, -

schicken
Wir schicken uns SMS.

telefonieren

---

sehr
Oliver ist sehr sportlich.

die Straße, -n
Wir wohnen in derselben Straße.

spazieren gehen (er geht spazieren)
Wir gehen zusammen spazieren.

vor

weit weg
Er wohnt weit weg von mir.

wohin?

Zwischenstation 2

Leute heute

Schreiben

1 Stell Familie Schneider vor.

Personen:	Vater (Karl, 45)
	Mutter (Birgit, 42)
	Sohn (Sebastian, 14)
	Tochter (Lena, 10)
	Oma (Herma, 73)
Haustiere:	Katze (Mautzi)
	Hund (Wolfi)
Wohnort:	Augsburg (bei München)

Das ist Familie Schneider. ____________________

____

____

Lesen

Fit **2 In einer Zeitschrift findest du zwei Texte über Jugendliche aus Deutschland.**

Beschreibung 1

„Hallo! Ich bin Florian aus Düsseldorf. Ich bin 14.
Meine Eltern sind geschieden und ich wohne bei meiner Mutter. Ich habe eine Schwester (Julia ist 10 und wohnt bei meinem Vater), zwei Haustiere (einen Hamster und eine Katze) und viele Freunde. Mein bester Freund heißt Luca und ist so alt wie ich. Wir gehen oft zusammen ins Kino oder spielen Fußball im Jugendzentrum. Wir haben viel Spaß zusammen!"

Beschreibung 2

„Mein Name ist Susanne und ich wohne in Hannover.
Ich bin Einzelkind, aber ich habe viele Freunde. Wir sind eine nette Clique: Fünf Mädchen und drei Jungs. Manchmal treffen wir uns bei mir zu Hause und sehen fern, spielen Computerspiele oder Volleyball im Garten. Leider habe ich keine Haustiere. Ich möchte gerne eine kleine, schwarze Katze, aber mein Vater will es nicht. Aber auch meine Mutter möchte die Katze. Sie sagt, wir haben einen Garten und das ist für eine Katze super."

Was ist richtig (R) und was ist falsch (F)? Markiere bitte.

	R	F
1. Florian wohnt bei seinem Vater.	☐	☐
2. Florian ist Einzelkind.	☐	☐
3. Florian mag Fußball.	☐	☐
4. Susanne hat viele Geschwister.	☐	☐
5. Susanne möchte ein Haustier.	☐	☐
6. Susannes Mutter mag keine Katzen.	☐	☐

Hören 87

3 Ein Interview: Wer spricht hier? Hör zu und markiere.

Tina – Interviewerin – Sabine

HV – übernehmen ?

4 Was ist richtig? Hör noch einmal und kreuze an.

1. Tina hat nicht viele ☐ / zwei ☐ / drei ☐ gute Freundinnen.
2. ~~Eine Freundin von Tina heißt Silvia ☐ / Sabine ☐ / Susanne.~~
3. Tina findet ihre Freundin nett ☐ / langweilig ☐ / lustig ☐.
4. Tina und ihre Freundin gehen in die 8b ☐ / 9b ☐ / 7b ☐.
5. Beide finden Musik ☐ / Handball ☐ / Computerspiele ☐ super.

4 – Pkt , 1 Pkt pro Antwort

Sprechen

Fit

5 Familie: Nach Informationen fragen.

Übt zu zweit: Zieht eine Karte, fragt und antwortet wie im Beispiel.

Thema: Familie
Bruder

Thema: Familie
Mutter

Thema: Familie
Haustiere

Thema: Familie
Großeltern

Thema: Familie
Vater

Thema: Familie
Schwester

Sprechen

6 **Wer weiß mehr? Bildet zwei Gruppen in der Klasse. Gruppe A beschreibt Steffi, Gruppe B beschreibt Oliver. Für jeden richtigen Satz gibt es einen Punkt.**

Wohnort? Freunde? Haustiere? Geschwister?

Alter? Hobbys? Klasse?

Schreiben

7 **Fritz macht einen Ausflug. Schreib die Geschichte weiter.**

Fritz, das Meerschweinchen, ist allein zu Hause im Garten. Es ist 10 Uhr. Fritz sagt laut: "Mir ist langweilig!" – Keine Antwort. Fritz möchte gern seine Freunde treffen. Es geht allein in die Stadt. Die Wiese im Park ist so grün und der Himmel ganz blau. Im Park machen fünf Leute Musik. Fritz hört zu. Ein Mädchen fragt: "Hallo! Wer bist du?"

Landeskunde

Fünf bekannte Cliquen

Viele Jugendbücher erzählen von Freundschaft. Diese fünf Cliquen aus Büchern kennen und mögen sehr viele Kinder und Jugendliche in Deutschland. Sie erleben Abenteuer und haben manchmal ein gemeinsames Hobby.

A VorstadtKROKODILE

B Die wilden Fußballkerle

C Die wilden Hühner

D Freunde

E TKKG

☐	Die Anfangsbuchstaben von Tim, Karl, Klößchen und Gaby sind der Name der Clique. Die Freunde haben auch einen Hund: Er heißt Oskar. Die Freunde helfen als Hobby-Detektive der Polizei. Es ist nur ein Mädchen in der Clique: Gaby. Tim und Klößchen lernen und wohnen in der Internatsschule. Alle vier Freunde sind in der Klasse 9b.
☐	Zu der Clique gehören drei Freunde: Franz von Hahn, Johnny Mauser und der dicke Waldemar. Alle Freunde sind Tiere. Johnny Mauser, die Maus, ist klein, aber auch stark und mutig. Die drei Freunde fahren gemeinsam ein Fahrrad.
☐	Das Hobby der vierzehn sportlichen Freunde ist Fußball. Die Jungen und Mädchen sind auch eine Mannschaft. Ihre Fußball-Trikots sind orange mit einem wilden Gesicht. Vor jedem Spiel rufen die Freunde: „Alles ist gut, solange du wild bist!"
☐	Die Clique wohnt in der Vorstadt, im Grünen. Ihr Symbol ist ein grünes Krokodil. Hannes und Kurt, zwei Jungen, möchten gern in der Clique sein, aber das ist nicht so einfach.
☐	In dieser Clique sind nur Mädchen. Sie heißen Sprotte, Melanie, Trude, Frieda und Wilma. Die Haustiere von Sprotte sind Hühner. Darum ist das Symbol von der Clique eine Hühnerfeder. Die Freunde treffen sich gern bei der Oma von Sprotte.

Lesen

8 Was gehört zusammen? Lest die Texte und ordnet die Cliquen zu.

Sprechen

9 Recherchiert im Internet und diskutiert in der Klasse.

Wie sehen die Personen in den Cliquen aus?
Wie heißen die Autoren der Bücher?
Zu welchen Büchern gibt es Kinofilme?
Welche Cliquen aus den fünf Büchern findet ihr sympathisch / langweilig / cool / lustig / …?
Kennst du andere Cliquen oder beste Freunde aus Büchern?

Lektion 5

Wir, die Klasse 7b

A Unsere Klasse

1

2

3

4

5

Lesen

1 Was passt zusammen? Ordne zu.

- ☐ a Unsere Schule heißt Elisabeth-Schule. Sie liegt in Nürnberg, in der Hallerstraße.
- ☐ b Wir sind die Klasse 7b. Wir sind 13 Jungen und 11 Mädchen.
- ☐ c Am Nachmittag haben wir Extrakurse: Informatik, Musik, Theater …
- ☐ d Wir bleiben bis 16 Uhr in der Schule. Wir machen zusammen Hausaufgaben.
- ☐ e Zu Mittag essen wir in der Schule. Es gibt nämlich eine Mensa.

Lesen

2 Zum Verständnis: Bilde Sätze.

	haben	zusammen	24 Schüler und Schülerinnen.
	machen	am Nachmittag	zu Mittag.
Wir	bleiben	in der Klasse 7b	Hausaufgaben.
	essen	in der Schule	in der Schule.
	sind	bis 16 Uhr	Extrakurse.

Wir haben am Nachmittag Extrakurse.

______

______

______

Possessivartikel

maskulin	neutral	feminin	Plural
unser	unser	unsere	unsere
euer	euer	eure	eure

Sprechen

Fit

3 Was antworten die Schüler der 7b?

Also, unsere Schule …
Wir …

Wie heißt eure Schule?
Wie viele seid ihr in der Klasse?
Wie lange bleibt ihr in der Schule?
Habt ihr am Nachmittag Extrakurse?
Esst ihr in der Schule zu Mittag?

Sprechen

4 Stell deine Klasse vor.

Unsere Schule heißt …
Wir sind … in der Klasse:
… Jungen und … Mädchen.
Wir …

Sprechen

5 Fragt und antwortet wie im Beispiel.

- ● Esst ihr in der Mensa?
- ○ Ja, wir essen in der Mensa.
- ○ Nein, wir essen nicht in der Mensa.

[bis 16 Uhr in der Schule bleiben • zusammen Hausaufgaben machen • einen Informatikkurs haben • Englisch lernen • gern zur Schule gehen]

AB 1–6

B Unser Schuldirektor

Hören 88

6 **Jakob und Franziska führen ein Interview mit dem Schuldirektor. Hör zu und mach Notizen.**

Herr Lach, wo wohnen Sie? Wie alt sind Sie? Sind Sie verheiratet? Haben Sie Kinder? Was sind Ihre Hobbys? Hören Sie gern Musik? Haben Sie eine E-Mail-Adresse?

Wohnort: ______________________

Alter: ______________________

Verheiratet? ______________________

Kinder? ______________________

Hobbys? ______________________

Musik? ______________________

E-Mail: ______________________

Schreiben

7 **Ein Artikel für die Schülerzeitung.**

Unser Schuldirektor heißt Peter Lach. Er ist …

____

____

Sprechen

8 **Fragt euren Deutschlehrer / eure Deutschlehrerin.**

Wo wohnen Sie? Woher kommen Sie?

Hören Sie gern Musik?

Sind Sie verheiratet?

Was machen Sie in Ihrer Freizeit?

Haben Sie Kinder?

du-Form	**höfliche Form**
Max, wo wohnst **du**?	Herr Lach, wo wohnen **Sie**?

AB 7–11

C Unsere Lehrer und Lehrerinnen

Lesen

9 **Die Lehrer und Lehrerinnen der Klasse 7b. Lies die Texte und ergänze die Tabelle.**

Annette Kohl
unterrichtet Englisch.
Sie ist verheiratet und hat eine Tochter. Sie ist nett und nicht sehr streng.
Die Englischstunde ist nie langweilig.
Bei Frau Kohl lernen die Schüler und Schülerinnen sehr gern Englisch.

Karl Schmidt
unterrichtet Mathematik.
Er ist Single, chaotisch und sehr unordentlich. Seine Erklärungen sind eine Katastrophe.
Deshalb finden alle Mathe langweilig und schwer.

Stefan Lange
ist der Sportlehrer.
Er ist jung, dynamisch und sympathisch.
Seine Stunden sind immer sehr lustig. Alle mögen Sport. Herr Lange spielt Basketball in der 2. (zweiten) Liga.
Er spielt wirklich sehr gut.

Claudia Specht
unterrichtet Deutsch.
Sie ist jung, aber sehr autoritär.
In der Klasse sind die Schüler und Schülerinnen immer still und hören zu.
Sie ist nicht verheiratet und hat eine kleine Tochter.

Klaus Novak
unterrichtet Geschichte.
Er ist nicht mehr sehr jung (er ist schon 58), aber immer noch dynamisch und aktiv.
Er erklärt sehr gut und seine Stunden sind interessant. Er hat ein Geschichtsbuch für die Schule geschrieben.
Das finden wir alle toll.

Karin Küppers
unterrichtet Musik.
Sie spielt Geige in einem Orchester. Sie ist sehr nett, aber ein wenig schüchtern.
Alle Schüler und Schülerinnen lernen gern Musik. Sie hat einen Freund. Er ist auch Musiker und spielt Klarinette in demselben Orchester.

Vorname / Name:	
Fach:	
Charakter / Persönlichkeit:	
Die Stunde mit ihm / ihr:	
Besondere Informationen:	

Sprechen

10 Stell die Lehrer in der Klasse vor.

Lesen

11 Wer ist das?

1. Er / Sie erklärt sehr schlecht. *Das ist Karl Schmidt, der Mathematiklehrer.*
2. Er / Sie ist sehr autoritär. *Das ist Claudia Specht, die Deutschlehrerin.*
3. Er / Sie erklärt sehr gut. __________
4. Er / Sie spielt in einem Orchester. __________
5. Er / Sie spielt sehr gut Basketball. __________
6. Er / Sie hat eine Tochter. __________
7. Er / Sie ist nicht mehr so jung. __________
8. Er / Sie ist schüchtern. __________
9. Er / Sie hat ein Buch geschrieben. __________
10. Er / Sie ist Single. __________

Wortschatz

12 Meine Lieblingsfächer. Ordne zu.

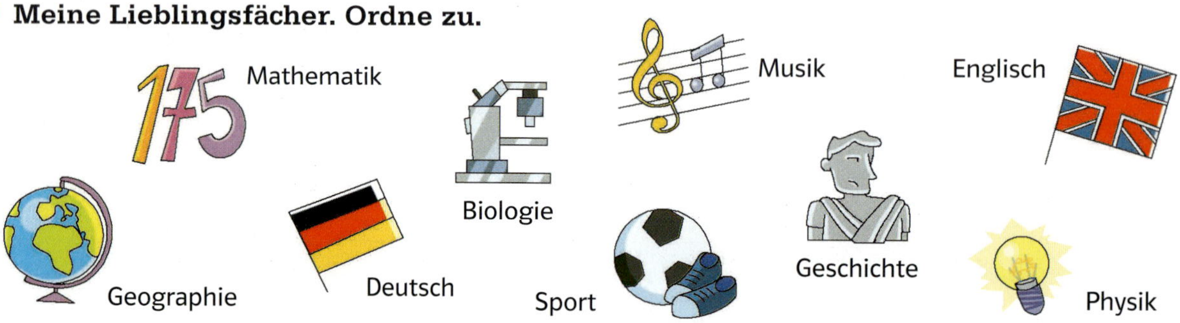

☺ Das mag ich: __________

☹ Das mag ich nicht: __________

Sprechen

13 Wie findest du …? Fragt und antwortet.

- ● Wie findest du Mathe?
- ○ Mathe finde ich toll!

+	–
… ist interessant.	… ist uninteressant.
… ist super.	… macht keinen Spaß.
… finde ich toll.	… finde ich langweilig.
… mag ich sehr.	… mag ich nicht.
… ist lustig.	… ist nicht so lustig.

Sprechen

14 Malt ein Symbol für euer Lieblingsfach auf ein Papier. Lauft durch die Klasse und zeigt das Symbol. Fragt und antwortet.

Was ist mein Lieblingsfach? Rate mal!

Dein Lieblingsfach ist Sport.

Richtig!

Sprechen

15 Seht euch Olivers Stundenplan an. Fragt und antwortet wie im Beispiel.

Olivers Stundenplan

Montag	Dienstag	Mittwoch	Donnerstag	Freitag
Deutsch	Französisch	Englisch	Mathematik	Französisch
Geographie	Physik	Mathematik	Musik	Religion
Mathematik	Englisch	Französisch	Geschichte	Physik
Mathematik	Geschichte	Französisch	Geographie	Englisch
Sport	Deutsch	Deutsch	Englisch	Deutsch
	Religion		Biologie	Musik
	Sport		Kunst	
	Sport		Kunst	

a ● Was hat Oliver am Montag?
○ Am Montag hat Oliver Deutsch, Mathe, Geographie und Sport.

b ● Wann hat Oliver Deutsch?
○ Am Montag, am Dienstag, am Mittwoch und am Freitag.

Phonetik

a Hör zu, achte auf die Betonung und sprich nach. ▶ 92

b Hör zu und schau dir dabei Olivers Stundenplan an.
Welcher Tag ist das? ▶ 93

____

c Was ist dein Lieblingsfach, wann hast du es?
Erzähle es deinem Partner / deiner Partnerin und achte dabei auf die Betonung.
Tipp: Klopfe bei der betonten Silbe auf den Tisch oder klatsche in die Hände!

Landeskunde

Schule in Deutschland

Mit 6 Jahren gehen die Kinder in die Grundschule (4 Jahre).

Mit 10 Jahren müssen die Kinder wählen: Hauptschule (5 oder 6 Jahre), Realschule (6 Jahre) oder Gymnasium (8 oder 9 Jahre). Das Gymnasium endet mit dem Abitur.

Mit dem Abitur kann man an der Universität studieren. Die Schulnoten in Deutschland sind:

1 = sehr gut 2 = gut 3 = befriedigend 4 = ausreichend 5 = mangelhaft 6 = ungenügend

Die Sommerferien dauern in Deutschland 6 Wochen. Sie beginnen nicht in ganz Deutschland am selben Tag. In Hamburg beginnen sie z. B. im Juli, in München Anfang August.

Es gibt aber auch andere Ferien, z. B. im Herbst. Am Samstag ist in Deutschland keine Schule.

Lesen

16 **Stell dir vor, du gehst in Deutschland in die Schule. Was ist dann richtig (R), was falsch (F)?**

	R	F
1. Mit 5 Jahren gehe ich in die Hauptschule.	☐	☐
2. Im Gymnasium bin ich neun Jahre lang.	☐	☐
3. Nach der Realschule kann ich an der Universität studieren.	☐	☐
4. Ich habe eine 2 in Mathematik – das ist gut!	☐	☐
5. Im Sommer habe ich 6 Wochen Ferien.	☐	☐
6. Ich wohne in München. Meine Sommerferien beginnen im Juli.	☐	☐
7. Im Herbst habe ich keine Ferien.	☐	☐
8. Am Samstag gehe ich nicht in die Schule, das ist super!	☐	☐

Grammatik auf einen Blick

Verben im Präsens (4)

Alle finden Mathe schwer. Wie findest du Mathe?
Oliver findet Sport super.
Annette Kohl unterrichtet Englisch, Claudia Specht Deutsch.

	finden	unterrichten
ich	find-e	unterricht-e
du	find-**e**st	unterricht-**e**st
er, es, sie	find-**e**t	unterricht-**e**t
wir	find-en	unterricht-en
ihr	find-**e**t	unterricht-**e**t
sie, Sie	find-en	unterricht-en

Bildung:
fin**d**- / unterrich**t**-
+ ________ + Personen-Endung

du-Form / höfliche Form

Wie findest du Mathe, Steffi?
Papa, hörst du gern Musik?
Frau Specht, sind Sie verheiratet?
Wo wohnen Sie, Herr Lach?

Zu wem sagst du Sie, *zu wem* du?

du: Freunde, ________ , ________
Sie: Erwachsene, ________ , ________

Possessivartikel (2)

Unser Sportlehrer heißt Stefan Lange.
Unser Lieblingsfach ist Musik.
Wie heißt eure Schule?
Unsere Lehrer sind nett. Wie sind eure Lehrer?

maskulin	neutral	feminin	Plural
unser / euer	unser / euer	unser**e** / eur**e**	unser**e** / eur**e**
Deutschlehrer Schuldirektor	Lieblingsfach	Mathelehrerin Schule Klasse	Lehrer Lehrerinnen

Was machen Sie in Ihrer Freizeit, Herr Lach?
Was sind Ihre Hobbys, Frau Specht?

ich	du	er	sie	wir	ihr	Sie
						Ihr / e

Welche Possessivartikel kennst du schon?

Negation mit *nicht*

Ist Mathe dein Lieblingsfach? Nein, Mathe ist **nicht** mein Lieblingsfach.
Esst ihr in der Mensa? Nein, wir essen **nicht** in der Mensa.
Findest du Deutsch schwer? Nein, Deutsch ist **nicht** schwer.

Mit **nicht** verneinst du den Satz.

Temporalangaben mit *am*

Am Montag hat Oliver Deutsch und Mathematik.
Am Nachmittag besuchen wir Extrakurse.

am (an dem)
Wochentage: am Montag, am Freitag, …
Tageszeit: am Nachmittag, …

Zusammengesetzte Wörter

das Haus	+ **die** Aufgaben	→ **die** Haus**aufgaben**
die Informatik	+ **der** Kurs	→ **der** Informatik**kurs**
die Schule	+ **der** Direktor	→ **der** Schul**direktor**
Deutsch	+ **der** Lehrer	→ **der** Deutsch**lehrer**
Englisch	+ **die** Stunde	→ **die** Englisch**stunde**

Welches Nomen gibt dem Wort das Genus?

Das ☐ letzte / ☐ erste Nomen gibt de
zusammengesetzten Wort das Genus.

Wortschatz: Das ist neu!

das Fach, ¨-er
Was ist dein Lieblingsfach?

die Biologie (Singular)

die Geographie (Singular)

die Geschichte (Singular)

die Informatik (Singular)

die Physik (Singular)
Ich finde Physik interessant.

die Mathematik (Singular)

schwer
Mathe ist schwer.

die Schülerzeitung, -en

das Orchester, -
Frau Küppers spielt in einem Orchester.

am
am Montag, am Dienstag

der Montag, -e

der Dienstag, -e

der Mittwoch, -e

der Donnerstag, -e

der Freitag, -e

der Samstag, -e

der Sonntag, -e

die Mensa, -s

essen (er isst)
Wir essen in der Mensa.

der Mittag, -e
zu Mittag essen

der Nachmittag, -e

die Schule, -n

der Schuldirektor, -en

der Lehrer, -

die Lehrerin, -nen

unterrichten
Was unterrichtet Frau Kohl?

erklären
Herr Novak erklärt sehr gut.

die Erklärung, -en

wann?
Wann hast du Mathe?

der Stundenplan, ¨-e

die Stunde, -n
Die Englischstunde ist sehr interessant.

der Kurs, -e
Wir besuchen Extrakurse.

aktiv

autoritär

chaotisch

dynamisch

interessant

jung

still

streng

unordentlich

verheiratet

der Single, -s

euer, eure

unser, unsere

Sie

das Kind, -er
Haben Sie Kinder?

der Basketball (Singular)

das Buch, ¨-er

die Klarinette, -n

die Geige, -n
Frau Küppers spielt Geige.

das Alter (Singular)

der Vorname, -n

Italienisch

der Spaß (Singular)
Ich habe viel Spaß.

alle

besonders

immer

bis

besuchen

bleiben
Wir bleiben bis 16 Uhr in der Schule.

Lektion 0.1

Hallo!

1 **Was sagt man zur Begrüßung, was zur Verabschiedung? Ordne zu.**

[Tschüss! • Guten Tag! • Grüß dich! • Auf Wiedersehen! • Servus! • Hallo! • Bis dann! • Tag!]

Begrüßung	Verabschiedung

2 **Welche Schreibweise ist korrekt? Kreuze an.**

1. ☐ a Gruß dich! ☐ b Grüß dich! ☐ c Grüß dick!
2. ☐ a Hello! ☐ b Hallo! ☐ c Hallow!
3. ☐ a Tscüs! ☐ b Tschusz! ☐ c Tschüss!
4. ☐ a Guten Tag! ☐ b Guden Tak! ☐ c Gooden Tag!
5. ☐ a Auf Widersen! ☐ b Auf Wiedersehen! ☐ c Auf wieder Sehen!

3 **Wie heißen die Begrüßungen und Verabschiedungen? Notiere und vergleiche mit einem Spiegel.**

1. Guten Tag ____________________
2. Grüß dich ____________________
3. Hallo ____________________
4. Auf Wiedersehen ____________________
5. Tschüss ____________________
6. Servus ____________________

4 **Welche Antwort passt? Kreuze an.**

1. Hallo, Anna. ☐ a Guten Tag, Frau Meier. ☐ b Tschüss, Petra.
2. Guten Tag, Herr und Frau Beck. ☐ a Bis bald, Verena. ☐ b Grüß dich, Monika.
3. Auf Wiedersehen, Frau Stein. ☐ a Tschüss, Nina. ☐ b Hallo, Thomas.
4. Servus, Sebastian. ☐ a Auf Wiedersehen, Herr Hoffmann. ☐ b Tschüss, Nicki.
5. Tschüss, Tobias. ☐ a Guten Tag, Frau Müller. ☐ b Bis dann, Daniel.
6. Grüß dich, Markus. ☐ a Tag, Herr Böhm. ☐ b Servus, Sarah.

5 *Herr* oder *Frau*? Ergänze.

1

_____________ Müller

2

_____________ Böhm

3

_____________ Schwarz

4

_____________ Göbl

5

_____________ Bönisch

6

_____________ Weiß

6 *Namen für Mädchen, Namen für Jungen.* Markiere die Namen blau (Jungen) und rot (Mädchen).

[Lena • Dominik • Sophie • Vanessa • Julian • Tim • Kim • Antonia • Leonie • Pascal • Nele • Jonas • Leon • Paula • Jasmin • Finn • Sara • Sebastian]

7 Was sagt man wann? Ergänze.

a 07:00 Guten Morgen!

b 17:30 _____________

c 10:30 _____________

d 22:30 _____________

e 19:15 _____________

f 14:30 _____________

g 08:15 _____________

h 24:00 _____________

8 **Welche Schreibweise ist korrekt? Kreuze an.**

1.	☐ a Wie ghet's?	☐ b Wi geht's?	☐ c Wie geht's?
2.	☐ a Schlecht	☐ b Sclecht	☐ c Schleckt
3.	☐ a Sher gut	☐ b Sehr goot	☐ c Sehr gut
4.	☐ a Es geht	☐ b Es get	☐ c Es ghet
5.	☐ a Nickt so goot	☐ b Nicht so gut	☐ c Nict so gut

9 **Wie antwortest du? Ergänze.**

▷ 7 **10** **Wo hörst du ein *h*? Hör zu, lies mit und unterstreiche.**

- ● Hallo, Eva. Wie geht's dir?
- ○ Sehr gut, danke!

- ● Hallo, Mike. Wie geht's dir?
- ○ Es geht.

- ● Hallo, Marina. Wie geht's dir?
- ○ Nicht so gut.

▷ 8 **11** **Hör zu und übe die Dialoge mit deinem Partner / deiner Partnerin.**

- ● Guten Tag, Frau Lang!
- ○ Servus, Markus!
- ● Wie geht's?
- ○ Nicht so gut.

- ● Guten Abend, Herr Köhler.
- ○ Hallo, Julia!

- ● Auf Wiedersehen, Frau Stein.
- ○ Tschüss, Markus. Bis morgen.

Lektion 0.2

Eins, zwei, drei

1 **Was passt zusammen? Verbinde.**

17 3 11 14 0

fünfzehn zwanzig elf siebzehn drei zwölf null vierzehn acht achtzehn

20 12 15 18 8

2 **Ergänze.**

NE ___ N	___ ÜNF	S ___ ___ BEN
EL ___	VIE ___ Z ___ HN	ACH ___
DR ___ ___ ZE ___ N	S ___ CH ___	Z ___ Ö ___ F
Z ___ AN ___ IG	F ___ ___ FZ ___ ___ N	SI ___ ___ Z ___ ___ N

3 **Welche Schreibweise ist korrekt? Kreuze an.**

1.	☐ a zwai	☐ b zwei	☐ c szwai
2.	☐ a fünf	☐ b funf	☐ c füfn
3.	☐ a sieben	☐ b siben	☐ c siebn
4.	☐ a zen	☐ b zhen	☐ c zehn
5.	☐ a zölf	☐ b zwolf	☐ c zwölf
6.	☐ a dreizehn	☐ b dreizen	☐ c driezehn
7.	☐ a siebzen	☐ b siebzehn	☐ c siebensehn
8.	☐ a zwanzig	☐ b zwanzich	☐ c zwansig

4 **Schreib die Zahlen in Buchstaben.**

7 ______________________________

12 ______________________________

16 ______________________________

11 ______________________________

15 ______________________________

17 ______________________________

20 ______________________________

0 ______________________________

▶ 12 **5** **6 aus 20. Hör zu und kreuze die Zahlen an.**

SPIEL 1

1	2	3	4	5	6	7	8	9	10
11	12	13	14	15	16	17	18	19	20

SPIEL 2

1	2	3	4	5	6	7	8	9	10
11	12	13	14	15	16	17	18	19	20

SPIEL 3

1	2	3	4	5	6	7	8	9	10
11	12	13	14	15	16	17	18	19	20

6 **Notiere die Zahlen.**

sechsundzwanzig ____________

einhundertelf ____________

siebzig ____________

zweiundfünfzig ____________

dreiundachtzig ____________

zweiunddreißig ____________

fünfundsechzig ____________

siebenundneunzig ____________

einhundertdreiundzwanzig ____________

zweihundertzwei ____________

▶ 20 **7** **Welche Zahl hörst du? Kreuze an.**

a	☐ 12	☐ 20	☐ 22
b	☐ 13	☐ 30	☐ 33
c	☐ 14	☐ 40	☐ 44
d	☐ 15	☐ 50	☐ 55
e	☐ 16	☐ 60	☐ 66
f	☐ 17	☐ 70	☐ 77
g	☐ 18	☐ 80	☐ 88
h	☐ 19	☐ 90	☐ 99

8 **-*zehn* oder -*zig*? Ergänze.**

15 fünf________ 13 drei________

90 neun________ 60 sech________

50 fünf________ 18 acht________

70 sieb________ 16 sech________

14 vier________ 19 neun________

▶ 21 **9** **Was kostet das? Hör zu und kreuze an.**

Situation 1:	☐ 19,20 €	☐ 90,20 €	☐ 20,90 €
Situation 2:	☐ 8,30 €	☐ 38,00 €	☐ 83,00 €
Situation 3:	☐ 150,00 €	☐ 115,00 €	☐ 105,00 €
Situation 4:	☐ 72,00 €	☐ 27,00 €	☐ 7,20 €
Situation 5:	☐ 250,00 €	☐ 200,50 €	☐ 520,00 €

▶ 22 **10** **Hör zu und notiere die Handynummern.**

Tobias Weigel

Handy: ______________________

Martina

Handy: ______________________

Eva Hoffmann

Handy: ______________________

Sebastian

Handy: ______________________

11 **Welche Zahlen findest du? Markiere.**

deschdreischckzehntüpzwanzigundßdänndreiundvierzigsönsktahundertiqwßzjneunziglä-

fiösfünfunddreißigajscvierundvierzigäickschsiebzehnkoaugzweihunderteinsderfaxüsk

12 Wie viel ist ...? Ordne die Ergebnisse zu.

achtundvierzig | zweiundzwanzig | neunundzwanzig | einhundertneun

3 + 19 = 40 – 11 = 52 x 2 = 7 x 8 = 75 : 3 = 99 + 10 = 30 + 36 = 50 – 2 =

sechsundfünfzig | fünfundzwanzig | einhundertvier | sechsundsechzig

▶ 23 13 Hör zu und verbinde die Punkte.

Was siehst du?

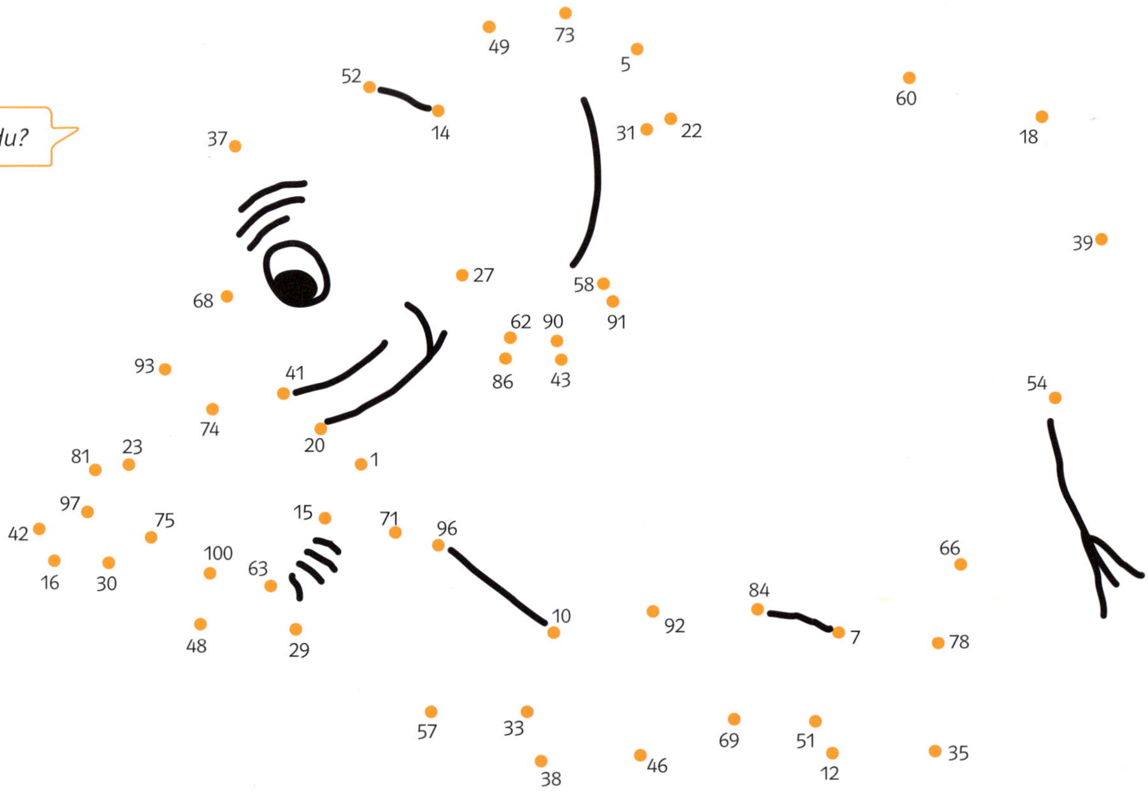

▶ 24 14 Wo hörst du ein *ch* (wie in <u>ich</u>)? Hör zu, lies mit und unterstreiche.

- ● Hallo, ich heiße Michaela. Ich bin sechzehn Jahre alt, und du?
- ○ Hallo, ich heiße Lukas. Ich bin achtzehn Jahre alt. Wie ist deine Telefonnummer?
- ● Sechshundertachtundzwanzig – fünfundsiebzig – sechsundsechzig.
- ○ Wie?
- ● Zweiundsechzig – siebenundachtzig - sechsundfünfzig – sechs.
- ○ Ich verstehe dich nicht!
- ● Ist doch ganz einfach! Sechs – zwei – acht – sieben – fünf – sechs – sechs.
- ○ Ach so! Ich rufe dich morgen an.

Michaelas Telefonnummer: 6 ____________________

Lektion 0.3

Was ist das?

1 Was ist das? Fragt und antwortet wie im Beispiel.

1. Was ist das? Ein Computer?
   Nein, eine Gitarre.

2. Was ist das? Ein Buch?
   Nein ______

3. Was ist das? Ein Ball?
   Nein ______

4. Was ist das? Ein Kugelschreiber?
   Nein ______

5. Was ist das? Ein Telefon?
   Nein ______

6. Was ist das? Eine CD?
   Nein ______

2 Maskulin, neutral oder feminin? Ordne die Wörter aus Übung 1 zu.

maskulin der / ein	neutral das / ein	feminin die / eine

▶ 28 **3 Hör zu und notiere die Preise.**

______ €

______ €

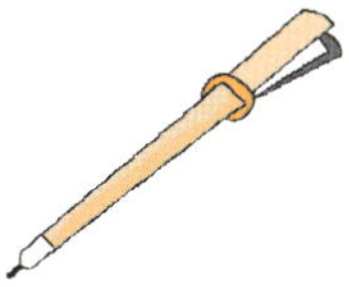
______ €

______ €

______ €

______ €

______ €

______ €

4 Wie heißen die Farben? Ordne die Buchstaben.

tor	______	belg	______
wazrsch	______	gürn	______
weßi	______	naubr	______
laub	______		

5 Was passt zusammen? Male die Flaggen aus und ordne zu.

A

rot
weiß
rot

B

schwarz
rot
gold (gelb)

C

rot
gelb
rot

D

grün	weiß	rot

E

blau	weiß	rot

- ☐ 1. Deutschland
- ☐ 2. Frankreich
- ☐ 3. Italien
- ☐ 4. Österreich
- ☐ 5. Spanien

6 Wie heißt das auf Deutsch? Ergänze.

d _ _
S _ _ _ e

d _ _
_ _ t _

d _ _
B _ _ _

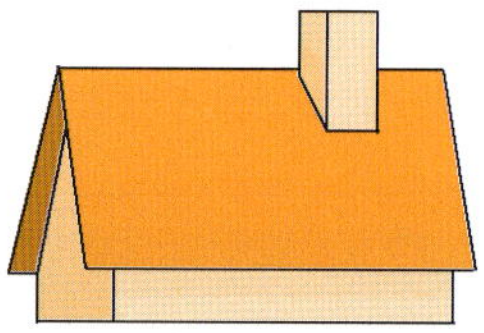

d _ _
_ _ c h

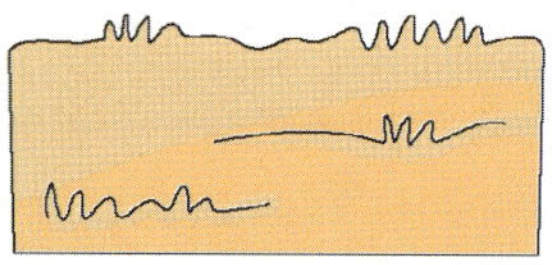

d _ _
_ i e _ _

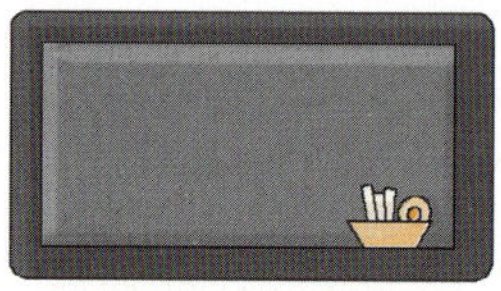

d _ _
T _ f _ _

d _ _
H _ _ m _ l

7 Beantworte die Fragen.

1. Was ist braun? Das Dach ist braun.
2. Was ist gelb? ______
3. Was ist schwarz? ______
4. Was ist rot? ______
5. Was ist blau? ______
6. Was ist grün? ______
7. Was ist weiß? ______

8 Hier sind 14 Wörter versteckt. Suche und notiere sie.

E	C	A	K	G	E	R	M	E	R	A	I	C
U	G	B	U	C	H	E	S	A	T	L	E	D
A	D	E	G	D	E	F	U	M	R	E	B	N
M	C	H	E	F	T	I	B	R	T	S	G	P
D	P	A	L	E	A	G	A	U	T	O	I	A
O	R	C	S	D	F	P	L	S	E	L	T	C
R	E	A	C	R	E	H	L	M	I	U	A	R
D	A	C	H	D	L	I	P	E	C	T	R	G
G	C	R	R	C	O	M	P	U	T	E	R	I
S	P	E	E	A	L	M	E	D	G	L	E	L
D	G	C	I	G	M	E	R	U	I	E	A	C
A	S	D	B	E	P	L	C	A	E	F	D	U
B	W	I	E	S	E	S	D	M	P	O	G	R
E	M	C	R	D	S	O	N	N	E	N	U	I

9 Maskulin, neutral oder feminin? Ordne die Wörter aus Übung 8 zu.

maskulin der / ein	neutral das / ein	feminin die / eine

10 **Welches Wort ergeben die Bilder? Nutze das Alphabet im Kursbuch und ordne zu.**

1. ___ 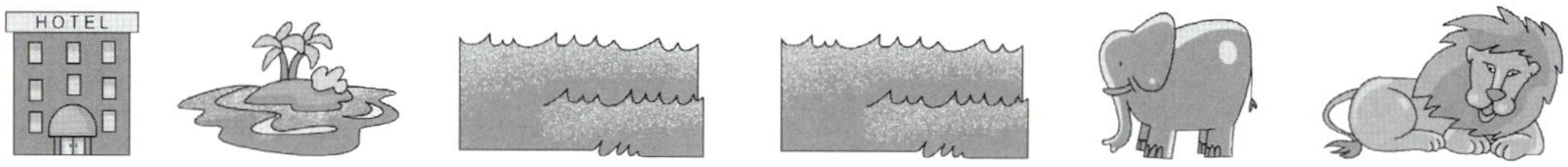

2. ___ 

3. ___ 

4. ___ 

5. ___ 

6. ___ 

a Telefon b Wiese c Himmel d Nacht e schwarz f Tafel

11 **Buchstabiere die Wörter wie im Beispiel.**

der Himmel: H wie Hotel – I wie Insel – M wie …

1. das Telefon
2. die Gitarre
3. der Computer
4. das Heft
5. der Ball
6. die Wiese
7. das Dach
8. die Sonne

12 **Alphabet-Spiel. Ein Mitschüler sagt sehr leise das Alphabet auf, ein anderer ruft Stopp. Sammelt Wörter mit dem Buchstaben. Wer zuerst 3 Wörter hat, hat gewonnen.**

Beispiel: S Saft, schwarz, sieben

▶ 36 **13** **Wer ist das? Hör zu und kreuze an.**

1. ☐ Hilka ☐ Ilka
2. ☐ Hanna ☐ Anna
3. ☐ Hulla ☐ Ulla
4. ☐ Helena ☐ Elena
5. ☐ Holger ☐ Olga

Lektion 0.4

München, Frankfurt, Berlin

1 **Ergänze die Städtenamen.**

_ ü _ _ _ e n

W _ _ _

H _ _ b _ _ g

_ _ _ l _ n

_ ö _ n

F _ _ _ _ _ _ _ _

Z ü _ _ _ _

S _ _ z _ _ _ g

2 **Auf Reisen. Wo treffen sich Familie Beck und Familie Maier? Markiere.**

Familie Beck

LEIPZIGBERLINHAMBURGKÖLNFRANKFURTSTUTTGARTMÜNCHEN

BERNZÜRICHINNSBRUCKMÜNCHENSALZBURGWIEN

Familie Maier

3 Richtig (R) oder falsch (F)? Kreuze an.

	R	F
1. Innsbruck liegt in Deutschland.	☐	☐
2. Berlin liegt in Deutschland.	☐	☐
3. Köln liegt in Österreich.	☐	☐
4. Salzburg liegt in der Schweiz.	☐	☐
5. Zürich liegt in der Schweiz.	☐	☐
6. Frankfurt liegt in Deutschland.	☐	☐
7. München liegt in Österreich.	☐	☐
8. Wien liegt in Österreich.	☐	☐

4 Beantworte die Fragen.

1. Wo liegt München? ______
2. Wo liegt Wien? ______
3. Wo liegt Innsbruck? ______
4. Wo liegt Köln? ______
5. Wo liegt Zürich? ______
6. Wo liegt Bern? ______
7. Wo liegt Frankfurt? ______
8. Wo liegt Hamburg? ______

5 Antworte wie im Beispiel.

1. Liegt München in Süddeutschland? *Ja, München liegt in Süddeutschland.*
2. Liegt Hamburg in Süddeutschland? *Nein, Hamburg liegt in Norddeutschland.*
3. Liegt Leipzig in Westdeutschland? ______
4. Liegt Düsseldorf in Westdeutschland? ______
5. Liegt Berlin in Norddeutschland? ______
6. Liegt Köln in Ostdeutschland? ______
7. Liegt Stuttgart in Norddeutschland? ______
8. Liegt Frankfurt in Ostdeutschland? ______

6 Erkennst du die Länder? Ordne zu.

A

B

C

D

E

F

G

H
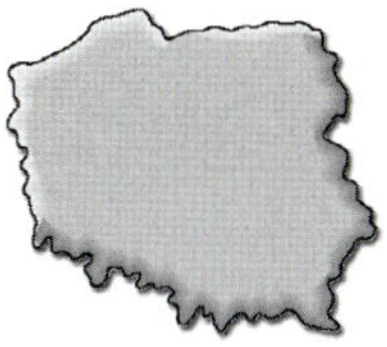

1. __ Schweiz
2. __ Polen
3. __ Frankreich
4. __ Deutschland
5. __ Italien
6. __ Österreich
7. __ Großbritannien
8. __ Spanien

7 Ergänze wie im Beispiel.

Rom *ist die Hauptstadt Italiens.*

Berlin ______________________

Wien ______________________

London ______________________

Bern *ist die Hauptstadt der Schweiz.*

Paris ______________________

Madrid ______________________

Warschau ______________________

45

8 Wo wohnen die Personen? Hör zu und verbinde.

Thomas

Rita

Markus

Frau Kohl

Herr Berger

Melanie

Frankfurt | Köln | München | Innsbruck | Hamburg | Leipzig

9 Ergänze die Sätze.

Markus *wohnt in Frankfurt.* ______

Thomas ______

Melanie ______

Herr Berger ______

Rita ______

Frau Kohl ______

10 Welche Antwort passt? Verbinde.

1. Wo wohnst du?
2. Wo liegt Hanau?
3. Liegt München in Norddeutschland?
4. Wo wohnt Herr Kohl?
5. Wie heißt die Hauptstadt Österreichs?
6. Wohnst du in Zürich?

a Nein, in Süddeutschland.
b Ich wohne in Innsbruck.
c Wien.
d Bei Frankfurt.
e Nein, ich wohne in Leipzig.
f Er wohnt in der Schweiz.

11 Ergänze die Endungen.

Beispiel: Ich wohn**e** in Bern. Du wohn**st** in Stuttgart. Paul wohn**t** in Wien.

1. Ich wohn____ in Istanbul.
2. Wo wohn____ du? Wohn____ du in Frankreich?
3. Markus wohn____ in Frankfurt.
4. Ich wohn____ in München und Melanie wohn____ in Köln.
5. Thomas wohn____ in Hamburg. Wohn____ du auch in Hamburg?

46 12 Hör zu und ergänze die Wörter mit *ü* oder *ö*.

1. Z_rich 2. L_we 3. M_nchen 4. f_nf 5. K_ln
6. _sterreich 7. S_ddeutschland 8. zw_lf 9. N_rnberg 10. sch_n

47 13 Hör zu und übe die Dialoge mit deinem Partner / deiner Partnerin.

● Wo liegt Hamburg?
○ Hamburg liegt in Norddeutschland.

● Ist Wien die Hauptstadt Österreichs?
○ Ja, Wien ist die Hauptstadt Österreichs.

● Wo wohnst du?
○ Ich wohne in Hanau.
● Und wo liegt Hanau?
○ Bei Frankfurt.

Wortschatztraining

a Wie viel kostet das im Geschäft? Schreibe Sätze.

Ein Heft kostet ____________________

____

____

____

____

____

b Was siehst du in der Klasse? Ergänze.

__________ ist schwarz.

__________ ist blau.

__________ ist rot.

__________ ist grün.

__________ ist gelb.

c Beantworte die Fragen.

Wo wohnst du? Ich ____________________

Wo liegt die Stadt? ____________________

Wie heißt die Hauptstadt __________ ? ____________________

____

d Wie heißt die Aufgabe? Notiere.

das Dach → 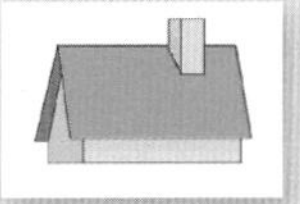

1. ____________________

2. ____________________

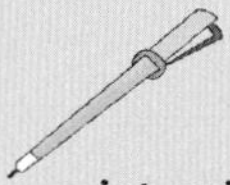

Die __________ ist grün.

3. ____________________

die Sonne

4. ____________________

Ich kann ...

Lesen — **einfache Sätze über Gegenstände verstehen.**

Richtig (R) oder falsch (F)? Lies und kreuze an.

	R	F
1. Die Sonne ist gelb.	☐	☐
2. Der Himmel ist rot.	☐	☐

Mein Bild ist sehr schön: Der Himmel ist rot und die Sonne ist grün. Die Wiese ist blau und der Ball ist braun und gelb.

Hören ▶ 48 — **den Preis eines Gegenstandes verstehen, wenn ich selbst danach frage.**

Was kostet das? Hör zu und kreuze an.

1. Die Gitarre kostet  ☐ a 195,00 € ☐ b 190,00 €.

2. Das Telefon kostet  ☐ a 42,00 € ☐ b 24,00 €.

An Gesprächen teilnehmen — **jemanden fragen, wie es ihm geht, und selbst auf die Frage antworten.**

Frag deinen Partner / deine Partnerin, wie es ihm / ihr geht. Antworte ihm / ihr.

Zusammenhängend sprechen — **meinen Namen buchstabieren.**

Buchstabiere deinen Namen.

Beispiel: Ich heiße Daniel Hofmann. D-a-n-i-e-l (oder D wie Dach, A wie ...)

Schreiben — **Namen von Städten schreiben.**

Schreib die Städtenamen richtig.

Sugrablz ______________________

Frufkanrt ______________________

Lektion 1

auch so etwas mit Bild?

Das bin ich!

1 **Ergänze die Dialoge.**

Peter, 12, München

- ● ______________________?
- ○ Ich heiße Peter.
- ● Wie alt bist du?
- ○ ______________________.
- ● ______________________?
- ○ Ich wohne in München.

- ● Wie heißt du?
- ○ ______________________.
- ● ______________________?
- ○ Ich bin vierzehn.
- ● Wo wohnst du?
- ○ ______________________.

Laura, 14, Berlin

Tina, 13, Hamburg

- ● ______________________?
- ○ ______________________.
- ● ______________________?
- ○ ______________________.
- ● ______________________?
- ○ ______________________.

2 **Ergänze: *heiße* oder *heißt*?**

1. ● Heiß___ du Tobias?
   ○ Ja, ich heiß___ Tobias.
   Und wie heiß___ du?

2. ● Ich heiß___ Martina. Und du?
   ○ Ich heiß___ Marion.

oder so was?

3 **Was passt zusammen? Ordne zu.**

1. Hallo. Ich heiße Patrick. Wie heißt du?
2. Lara, wie alt bist du?
3. Und wo wohnst du?
4. Wo liegt Klagenfurt?
5. Ach so. Tschüss Lara, bis morgen.

a Ich bin 13.
b Tschüss Patrick.
c Klagenfurt liegt in Österreich.
d Ich wohne in Klagenfurt.
e Ich heiße Lara.

4 **Ergänze: *bin* oder *bist*?**

1. ● Wer ___ du ? ___ du Timo?
   ○ Nein, ich ___ Erik.

2. ● Ich ___ Silke. Ich ___ 14. Wie alt ___ du?
   ○ Ich ___ auch 14.

3. ● ___ du 13?
   ○ Nein, ich ___ 12.

5 **Ergänze die Verben in der passenden Form.**

1. ● Hallo! Ich ___ Julia.
   Und wie ___ du?
   ○ Ich ___ Nina. (heißen)

2. ● Wer ___ du?
   ○ Ich ___ Max Weber. (sein)

3. ● Wie alt ___ du?
   ○ Ich ___ 13. Und du? (sein)

4. ● Wo ___ du?
   ○ Ich ___ in Potsdam, in der Nähe von Berlin. (wohnen)

▶ 50 **6** **Wie ist die Handynummer von …? Hör zu und kreuze an.**

1. Die Handynummer von Oliver ist
   - ☐ a 0170 3789411
   - ☐ b 0170 7398411
   - ☐ c 0170 3799441

2. Die Handynummer von Martina ist
   - ☐ a 0168 5665771
   - ☐ b 0168 5656711
   - ☐ c 0168 6556177

3. Die Handynummer von Lukas ist
   - ☐ a 0171 1770669
   - ☐ b 0171 7170699
   - ☐ c 0171 1717669

7 **Wo wohnen die Personen? Bilde Sätze.**

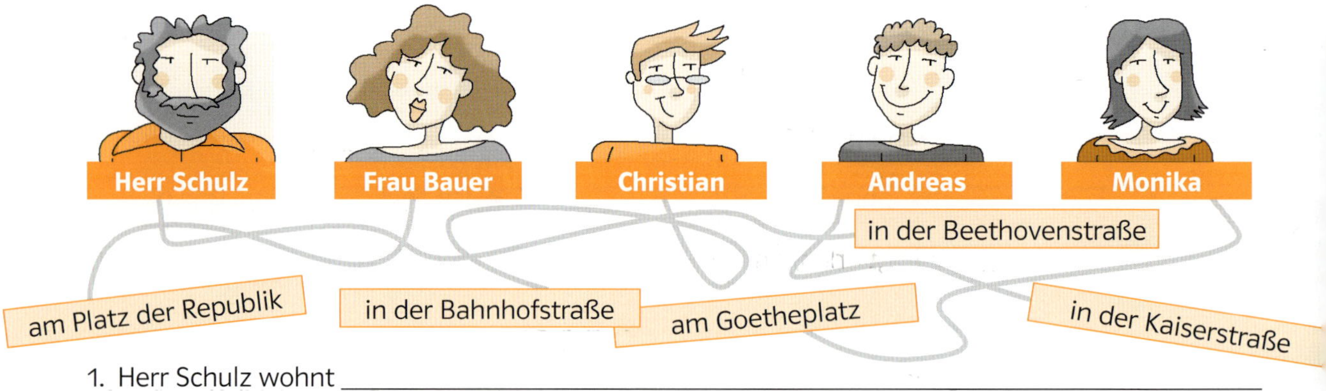

1. Herr Schulz wohnt ___
2. Frau Bauer ___
3. ___
4. ___
5. ___

▶ 52 **8** **Zur Kontrolle: Hör zu und vergleiche.**

9 Bilde Fragen.

1. Berlin / du / in / wohnst? ______________________________
2. Handynummer / deine / ist / wie? ______________________________
3. Kaiserstraße / in / wohnst / der / du? ______________________________
4. Erlangen / Nürnberg / bei / liegt? ______________________________
5. eine / du / hast / E-Mail-Adresse? ______________________________

10 Wie heißen die Länder? Ergänze.

1. _ _ A _ K _ _ I C _	4. D _ _ T _ _ H _ _ _ D	7. G R _ _ _ _ E _ L _ _ _
2. _ S _ E _ _ _ I _ H	5. _ T A _ _ _ _	8. T _ _ K _ _
3. S _ _ W _ _ Z	6. S _ _ _ _ E N	9. _ O _ _ N

11 Woher kommen die Jugendlichen? Notiere Sätze.

Fabio, I — Jean Pierre, F — Jane, GB — Carmen, E — Robert, CH — Ali, TR

Fabio kommt aus Italien. Jean Pierre ______________________________

____

12 *Wo* oder *woher*? Ergänze die Fragen und antworte.

1. ________ wohnst du? ______________________________
2. ________ kommt John? ______________________________
3. ________ liegt Erlangen? ______________________________
4. ________ wohnt Fatma? ______________________________
5. ________ kommst du? ______________________________

13 Was passt zusammen? Ordne zu.

1. Wohnt Jan in Köln?
2. Woher kommt Carmen?
3. Heißt du Hannes?
4. Wo wohnt Frau Kahn?
5. Wer bist du?
6. Kommst du aus Italien?

a Sie kommt aus Spanien.
b Nein, in Berlin.
c Ich bin Paula.
d Nein, ich heiße Michael.
e Nein, ich komme aus der Schweiz.
f In Zürich.

14 Ergänze: *komme*, *kommst*, *kommt*? *wohne*, *wohnst*, *wohnt*?

1. Ich ________________ in der Garibaldistraße.
2. Woher ________________ Patrick?
3. ________________ du in Nürnberg? Nein, ich ________________ in Erlangen.
4. Francesca ________________ aus der Schweiz, aber sie ________________ in Italien, in Como.
5. Woher ________________ du? Ich ________________ aus Deutschland.
6. Fatma ________________ in Erlangen.

56

15 Hör zu und ergänze die Tabelle.

Name			
Herkunft			
Wohnort			

16 Eine E-Mail von Karolina. Lies und ergänze.

[dreizehn • E-Mail-Adresse • geboren • ~~Hallo~~ • heiße • Polen • Nähe • wohne]

Hallo, ich (1)______________ Karolina. Ich bin (2)______________ Jahre alt und (3)______________ in Baden. Das ist eine kleine Stadt in der (4) ______________ von Wien. Meine Eltern kommen aus (5)______________, aber ich bin in Österreich (6)______________. Meine E-Mail-Adresse ist: karo@yahoo.at. Schreib mir bitte bald!

57

17 Hör zu und male eine Linie über die Frage wie im Beispiel.

Beispiel: Wie heißt du?

1. Woher kommst du?
2. Wer bist du?
3. Wie alt bist du?
4. Wo wohnst du?
5. Wo liegt das?

Wortschatztraining

a **Welche Ländernamen kennst du schon? Notiere.**

Deutschland, ____________________

____

b **Welche Verben sind wichtig? Notiere und formuliere Fragen.**

heißen: Wie heißt du?

kommen: Woher ____________________

__________: ____________________

__________: ____________________

__________: ____________________

c **Welche Nomen und Verben kennst du schon? Notiere Beispiele zu den Buchstaben.**

A (die) Adresse antworten	J	S
B	K	T
C	L	U
D	M	V (der) Vogel verstehen
E	N	W
F	O	X
G	P	Y
H	Q	Z
I	R	

Lektion 2

Meine Hobbys

1 Wie heißen die Aktivitäten? Ergänze das Rätsel.

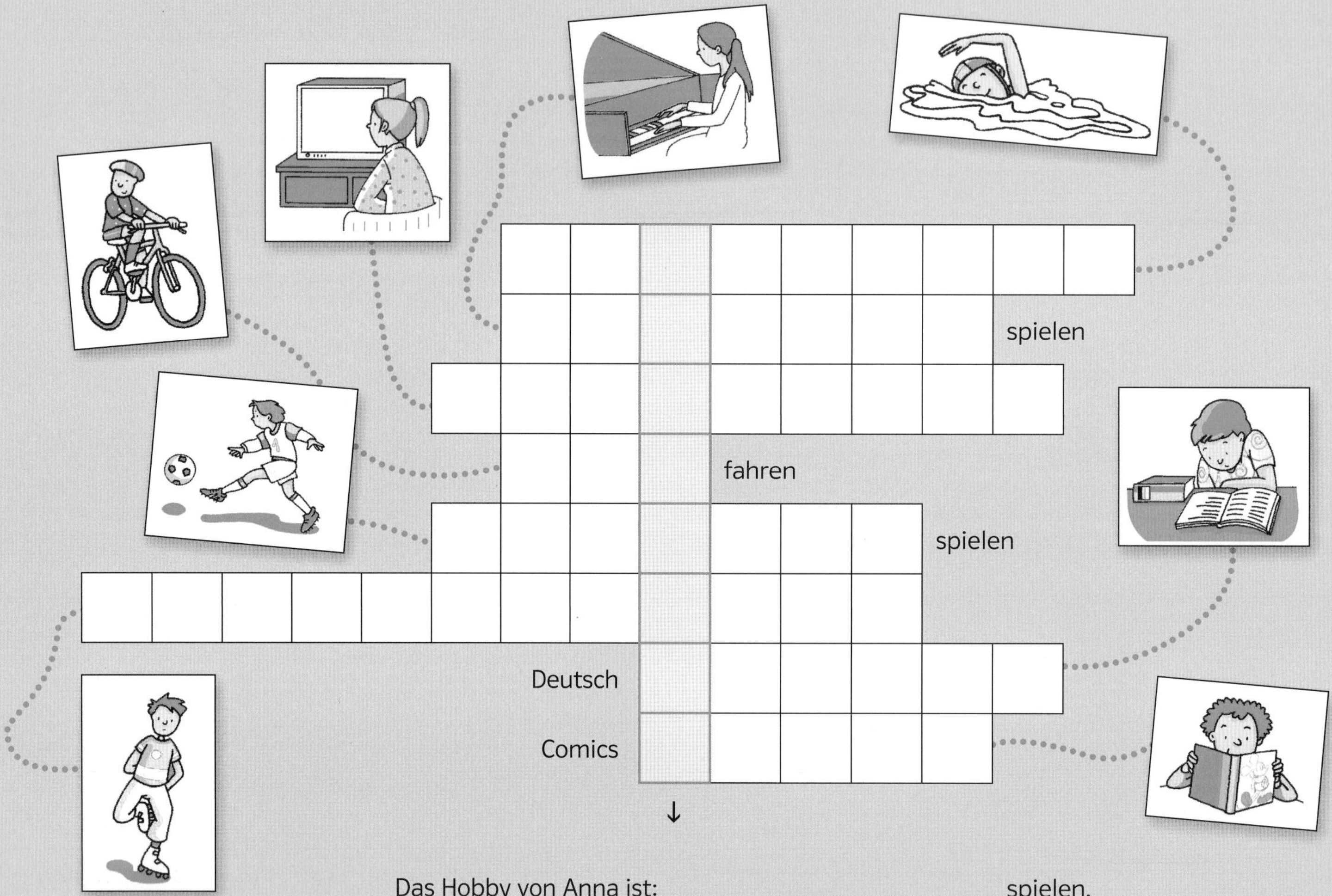

Das Hobby von Anna ist: ______________________ spielen.

2 Was passt zusammen? Ordne zu.

Sport	lernen	*ein Instrument spielen,*
im Internet	spielen	
ein Instrument	lesen	
Deutsch	treiben	
Rad	surfen	
Musik	fahren	
Comics	hören	

3 Was magst du, was magst du nicht? Ergänze Aktivitäten.

________________ ________________

________________ ________________

________________ ________________

________________ ________________

4 Was machst du in deiner Freizeit gern? Antworte wie im Beispiel.

[sehr gern (++) • gern (+) • nicht so gern (-) • gar nicht gern (--)]

1. Spielst du gern Volleyball? *Ja, ich spiele sehr gern Volleyball.*
   Nein, ich spiele nicht so gern Volleyball.
2. Siehst du gern fern? ________________
3. Schwimmst du gern? ________________
4. Surfst du gern im Internet? ________________
5. Fährst du gern Rad? ________________
6. Spielst du gern Tennis? ________________
7. Hörst du gern Musik? ________________
8. Treibst du gern Sport? ________________

5 Was machst du in deiner Freizeit? Schreib eine kurze Antwort.

Also, in meiner Freizeit ________________

61

6 Was sagen Oliver und Steffi über ihre Hobbys? Wer sagt was? Hör den Text aus dem Kursbuch noch einmal und ergänze die Namen.

1. Ich spiele Gitarre. ____________________
2. Ich treibe keinen Sport. ____________________
3. Ich spiele kein Instrument. ____________________
4. Ich habe nicht so viel Freizeit. ____________________
5. Ich mag Musik. ____________________
6. Ich lese gern. ____________________

7 Ordne den Dialog.

1	Was machst du in deiner Freizeit?
	Oh, ich bin leider nicht sehr sportlich. Bist du in einer Mannschaft?
	Ich höre sehr gern Musik.
	Ja, ich spiele Keyboard in einer Band.
	Comics, ich finde Comics langweilig.
	Wow, du bist in einer Band, das ist cool! Und was findest du nicht so gut?
	Musik finde ich gut. Spielst du auch ein Instrument?
	Ich spiele gern Fußball.
	Ja, ich spiele in der Schulmannschaft. Und was ist dein Hobby?

8 *Er* oder *sie*? Verbinde.

Oliver Steffi Frau Weigel

er sie

Herr Schulz Martina Tobias

9 *Er* oder *sie*? Ergänze.

1. Karin liest gern. __________ mag Comics.
2. Tobias treibt viel Sport. __________ spielt Handball und Tennis.
3. Peter surft gern im Internet. __________ findet das Internet super.
4. Angelika ist sehr sportlich. __________ fährt gern Rad.
5. Sara mag Fremdsprachen. __________ lernt Französisch.
6. Florian mag Musik. __________ spielt Gitarre.

10 Was machen die Jugendlichen in ihrer Freizeit? Schreib Sätze wie im Beispiel.

MARINAHÖRTGERNMUSIK.ALEXANDERSPIELTTENNIS.BOJANFÄHRTRAD.
LARISSASIEHTFERN.DULERNSTFREMDSPRACHEN.FRANZISKASPIELTGITARREINEINERBAND.
ADAMLIESTCOMICS.UNDICHSURFEOFTIMINTERNET.

Marina hört gern Musik. ______________________

____

____

11 Was macht Fatma in ihrer Freizeit? Ergänze.

[möchte • mag • lernt • spricht • lernt]

In ihrer Freizeit (1) __________ Fatma Fremdsprachen. Sie (2) __________ Fremdsprachen. Sie (3) __________ perfekt Deutsch und Türkisch. Aber sie (4) __________ auch Englisch und Französisch. Sie (5) __________ später Dolmetscherin werden.

12 Ergänze die Tabelle.

	spielen	hören	lernen	schwimmen
ich				
du				
er, sie				

	sehen	lesen	sprechen	fahren
ich				
du		liest		fährst
er, sie	sieht			

13 Stell die Personen vor.

Name	Klaus Weber	Justine Dupont	Timo und Ingo
Alter	40	32	14
Wohnort	München	Lyon / Frankreich	Pinneberg / Hamburg
Sprachen	Deutsch, Englisch	Französisch, Italienisch	Deutsch, Englisch
Hobbys	Rad fahren	Musik, joggen	Internet, fernsehen

Das ist Herr Weber. Er ist 40 Jahre alt. Er wohnt __________

____

Das ist Frau Dupont. Sie __________

____

Das sind Timo und Ingo. Sie sind __________

____

14 Wo wohnen die Personen? Welche Sprachen sprechen sie? Bilde Sätze.

Heidi Klum

Papst Franziskus

Prinz William

Carla Bruni

Lukas Podolski

Rafael Nadal

spricht

Französisch Italienisch Spanisch Englisch Deutsch Polnisch

Heidi Klum wohnt in den USA. Sie spricht Englisch und Deutsch.

____

____

____

____

____

64 **15 Wie spricht man die Sprachen? Hör zu und kreuze an. Ergänze andere Sprachen und das Akzentmuster.**

	●	●•	•●•	
Französisch			x	
Englisch				
Deutsch				
Russisch				
Polnisch				
Arabisch				
Türkisch				
Spanisch				
…				

65 **16 Hör zu und ergänze die Tabelle.**

Name		
Alter		
Wohnort		
Sprachen		
Hobbys		

17 Was passt zusammen? Ordne zu.

1. Fatma spricht perfekt
2. Welche Sprachen
3. Natalie kommt
4. Zwölf Personen in meiner Klasse
5. Patrick wohnt in München,
6. Petra und Karin spielen Volleyball

a sprichst du?
b spielen ein Instrument.
c Türkisch und Deutsch.
d in der Schulmannschaft.
e aus der Schweiz.
f aber er ist in Österreich geboren.

Wortschatztraining

a **Wie findest du die Hobbys? Kommentiere.**

Fußball spielen: Das finde ich toll! ____________________

Gitarre spielen: Das finde ich ____________________!

Lesen: ____________________!

Rad fahren: ____________________!

b **Wo spricht man die Sprachen? Notiere.**

Deutsch: in Deutschland, ____________________

Französisch: in ____________________

Türkisch: in der ____________________

E__________: in ____________________

__________: ____________________

c **Welche Wörter passen? Ergänze die Wortigel**

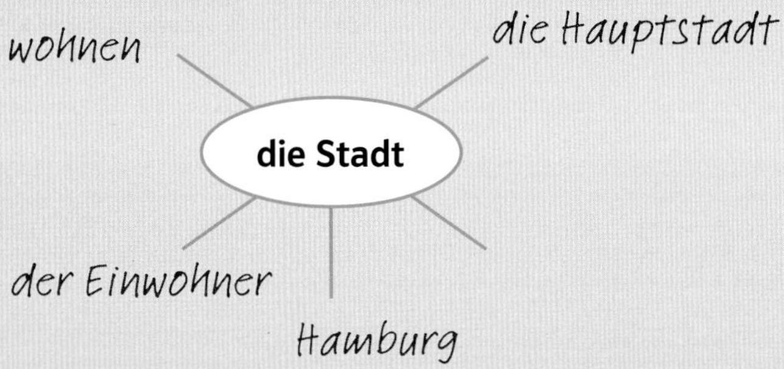

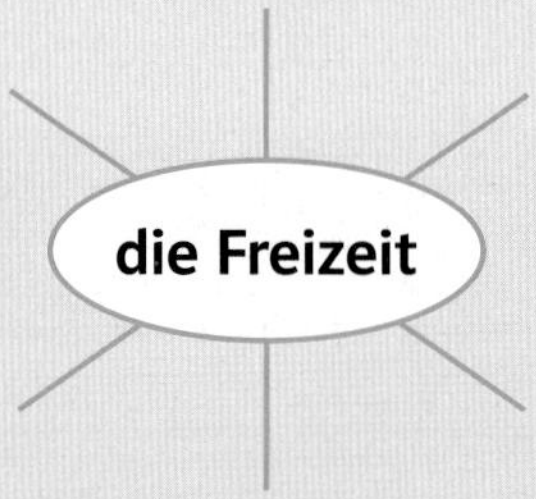

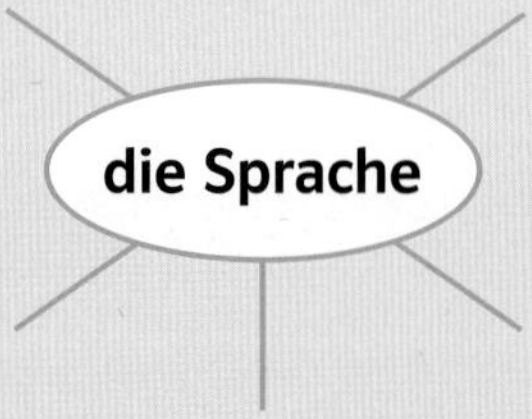

Ich kann …

2

Lesen — Hauptinformationen von kurzen Texten verstehen, in denen sich Personen vorstellen.

Lies und ergänze den Steckbrief.

Hallo,
ich heiße Adam und wohne in Düsseldorf.
Meine Eltern kommen aus Russland, aber ich bin in Deutschland geboren. Wer schreibt mir eine E-Mail auf Russisch?

Name: ____________________

____

Wohnort: ____________________

____

Sprachen: ____________________

____

Hören ▶ 66 — in einem Kurzinterview verstehen, wo eine Person wohnt.

Wo wohnt Max? Hör zu und kreuze an.

☐ Innsbruck ☐ Salzburg ☐ Wien

An Gesprächen teilnehmen — darüber sprechen, was ich in der Freizeit mache.

Frag deinen Partner / deine Partnerin, was er / sie in der Freizeit macht. Antworte ihm / ihr.

Zusammenhängend sprechen — mich selbst kurz vorstellen.

Stell dich kurz vor. (Name, Adresse, Alter, Hobbys, Sprachen)

Schreiben — ein kurzes Portrait über eine Person schreiben.

Stell Niklas vor. Die Informationen im Steckbrief helfen dir.

Das ist Niklas ____________________

____

____

____

Name: Niklas Berger
Alter: 13
Wohnort: München, Siemensstraße 47
Hobbys: Fußball, Musik hören

Lektion 3

Papa, Mama & Co.

1 **Was passt zusammen? Ordne zu.**

1. Wer ist das?
2. Wie heißt deine Schwester?
3. Ist das dein Vater?
4. Wie alt ist dein Bruder?
5. Wie viele seid ihr zu Hause?
6. Hast du einen Hund?

a Ja.
b Wir sind vier Personen.
c Sie heißt Sylvia.
d Er ist 13.
e Ja, und auch ein Meerschweinchen.
f Das ist meine Oma.

2 ***Der* oder *die*? Ergänze.**

1. Das ist _______ Bruder von Oliver.
2. _______ Schwester von Oliver heißt Anna.
3. Herr Meier ist _______ Vater von Markus.
4. _______ Mutter von Oliver heißt Angelika.
5. Wie heißt _______ Opa von Oliver?
6. Heißt _______ Oma von Max Julia?

3 **Die Familie von Oliver. Wer ist wer? Ordne zu und bilde Sätze.**

[die Eltern von Oliver • der Vater von Oliver • die Großeltern von Oliver • die Geschwister von Oliver • die Oma von Oliver • der Onkel von Oliver • die Tante von Oliver]

Günter und Angelika

Günter

Luise (Mutter von Angelika)

Florian und Anna

Katrin (Schwester von Angelika)

Luise und Heinrich

Thomas (Bruder von Angelika)

1. *Günter ist* ______________________________
2. *Günter und Angelika sind* ______________________________
3. ______________________________
4. ______________________________
5. ______________________________
6. ______________________________
7. ______________________________

4 **Wer ist das? Schau dir den Stammbaum an und ergänze.**

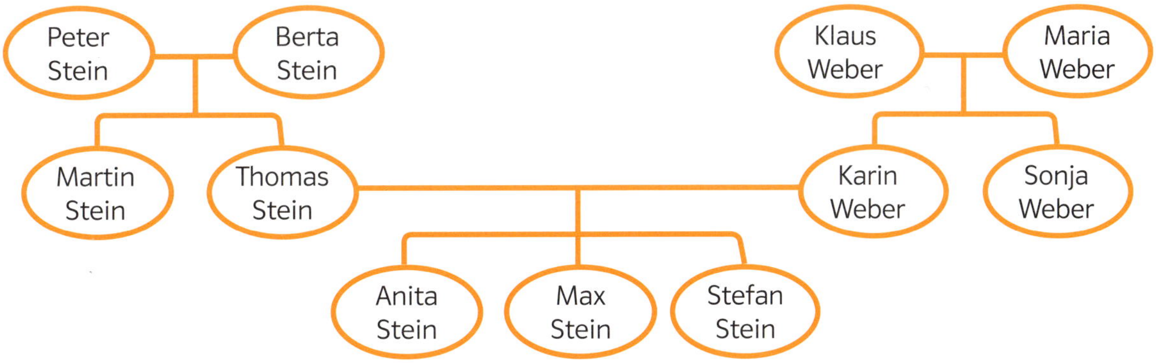

1. Sie ist die Mutter von Thomas Stein. ______________________________
2. Er ist der Onkel von Anita Stein. ______________________________
3. Sie ist die Oma von Stefan Stein. ______________________________
4. Sie ist die Schwester von Karin Weber. ______________________________
5. Er ist der Vater von Max Stein. ______________________________
6. Er ist der Opa von Anita Stein. ______________________________
7. Sie ist die Tante von Max Stein. ______________________________
8. Er ist der Bruder von Martin Stein. ______________________________

5 ***Er* oder *sie*? Verbinde.**

Bruder Oma Opa Schwester

er sie

Mutter Onkel Vater Tante

6 ***Dein* oder *deine*? Ergänze.**

1. Heißt ________ Oma Renate? Nein, sie heißt Beate.
2. Heißt ________ Bruder Werner? Ja, er heißt Werner.
3. Heißt ________ Mutter Karin? Nein, sie heißt Katja.
4. Heißt ________ Vater Anton? Ja, er heißt Anton.
5. Heißt ________ Hund Trixi? Nein, er heißt Tixi.
6. Heißt ________ Katze Mautzi? Ja, sie heißt Mautzi.

7 Deine Familie. Beantworte die Fragen.

1. Wie heißt deine Oma? ____________________
2. Wie alt ist dein Opa? ____________________
3. Wie heißen deine Eltern? ____________________
4. Wohnt dein Vater in München? ____________________
5. Wie viele seid ihr zu Hause? ____________________

8 Wer hat Geschwister? Bilde Sätze.

Stefan

Martin

Karin

Eva

Melanie

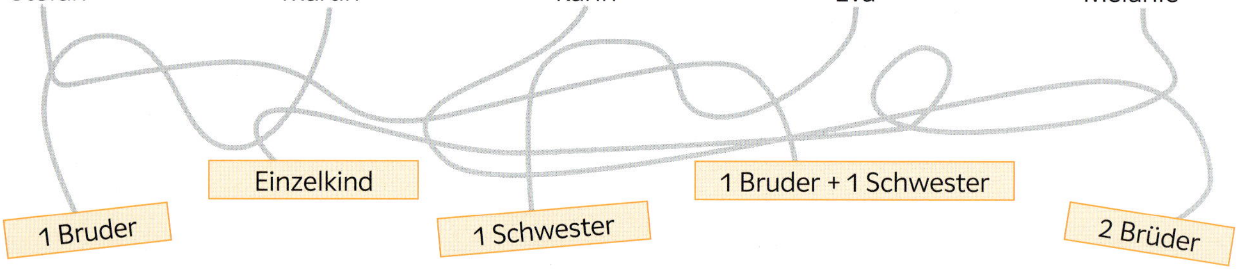

Stefan hat / ist ____________________

____

____

9 *Einen* oder *eine*? Ergänze.

1. Ich habe ________ Bruder.
2. Karin hat ________ Oma in Spanien.
3. Tina hat ________ Tante.
4. Susi hat nur ________ Opa.
5. Hast du Geschwister? Ja, ________ Schwester.
6. Ich habe ________ Onkel. Er wohnt in Berlin.

70

10 Interviews. Hör zu und ergänze die Tabelle.

Name		
Alter		
Wohnort		
Geschwister		

11 Wie heißen die Tiere auf Deutsch?

 1. ______________________

 2. ______________________

 3. ______________________

 4. ______________________

 5. ______________________

 6. ______________________

 7. ______________________

 8. ______________________

12 Bilde Sätze wie im Beispiel.

Markus | Tina | Stefan | Marion | Lena | Lisa | Lukas | Max

- Hat Markus einen Hamster?
  - ○ Ja, er hat einen Hamster.
  - ○ Nein, er hat keinen Hamster. Er hat ein / eine …

1. Hat Tina eine Katze? ______________________
2. Hat Stefan ein Pferd? ______________________
3. Hat Marion einen Goldfisch? ______________________
4. Hat Lena einen Kanarienvogel? ______________________
5. Hat Lisa ein Kaninchen? ______________________
6. Hat Lukas einen Hund? ______________________
7. Hat Max eine Schildkröte? ______________________

13 Antworte wie im Beispiel.

1. Hast du einen Hund? *Einen Hund? Ich habe viele Hunde!*
2. Hast du ein Pferd? ______
3. Hast du einen Hamster? ______
4. Hast du eine Katze? ______
5. Hast du einen Kanarienvogel? ______
6. Hast du einen Goldfisch? ______
7. Hast du eine Schildkröte? ______
8. Hast du ein Kaninchen? ______

14 *Er*, *es*, *sie*? Verbinde.

das Pferd die Katze der Hamster der Kanarienvogel

er es sie

die Schildkröte der Goldfisch der Hund das Kaninchen

75

15 Hör zu, kombiniere die Informationen und bilde Sätze.

Martin	Pferd	Mieze
Susi	Goldfisch	Black
Annette	Kanarienvogel	Wind
Tobias	Hund	Splasch
Florian	Katze	Gelbi

Martin hat einen Hund. Er heißt Black.

______

______

______

______

16 Bilde Sätze wie im Beispiel.

1. Marina – ILSCHDKÖTRE – TEKAZ
2. Andreas – NARKAIENGEVOL – NDHU
3. Julia – GLDOSCHFI – NAKINNECH
4. Christoph – STERMHA – 2 NARKANÖIEGEVL
5. Stella – RUBDER – DEPRF

1. *Marina hat eine Schildkröte, aber sie möchte gern eine Katze.*
2. ______________________________
3. ______________________________
4. ______________________________
5. ______________________________

17 Mein Haustier. Ergänze die E-Mail von Maxi und schreib eine Antwort.

Hallo Carina,

heute schreibe ich über mein Haustier. Ich habe ____________.
____________ heißt ____________ und ist ____________
alt. Sie ist ____________ und ____________ und total süß.
Ich ____________ sehr oft mit ihr, das mag sie gern. Magst du
Haustiere? Hast du auch ein Haustier?
Schreib bald!
Dein(e) Maxi

3 Jahre
Mini
spielen
schwarz und weiß
eine Katze

Hallo Maxi,

____

____

____

____

____

18 Maskulin, neutral oder feminin? Ordne zu.

[Hund • Bruder • Oma • Schildkröte • Einzelkind • Goldfisch • Onkel • Opa • Tante • Katze • Kaninchen • Pferd • Schwester • Hamster • Mutter • Haustier]

maskulin der / ein	neutral das / ein	feminin die / eine

19 Ordne den Dialog.

einen ähnlichen Dialog!

__ Hallo Elias. Ist das dein Hund?
__ Oh ja, sehr. Ich mag Meerschweinchen.
__ Ja, er heißt Wotan.
__ Zwölf.
__ Nein, leider nicht, aber ich möchte so gerne ein Meerschweinchen oder eine Katze.
__ Wotan? Na ja, er ist total süß. Wie alt ist er denn?
__ Wow, das ist ja ganz schön alt! Was macht er den ganzen Tag?
__ Ach, Meerschweinchen finde ich ein bisschen langweilig. Hast du ein Haustier?
__ Er ist noch sehr aktiv: er geht gern spazieren und wir spielen viel. Magst du Tiere?

76 20 Hör zu und lies mit.

Katze – Kasse

Schutz – Schuss

Ritz – Riss

hetzen – Hessen

reizen – reißen

Mützen – müssen

77 21 Hör zu und unterstreiche in Übung 20 jeweils das Wort, das du hörst.

Wortschatztraining

a **Wer passt zusammen? Ergänze.**

Geschwister: Bruder und S_______________

Eltern: M_______________ und _______________

Groß_______________: Oma und _______________!

b **Lies das Rätsel und ergänze dann die fehlenden Wörter im Plural.**

- ● Wir sind drei _______________ zu Hause: Meine Mutter, mein Vater und ich. Meine Großeltern wohnen in Leipzig und in Köln. Ich habe keine Schwester und keinen Bruder. Ich bin also ein Einzelkind. Wir haben aber zwei _______________. Und du?
- ○ Ich habe eine große Familie. Zu Hause sind wir zehn Personen. Und ich habe sogar drei _______________ und drei Opas.
- ● Was? Das gibt es doch nicht!
- ○ Doch! Meine Mama, mein Bruder Paul und die Eltern von Mama wohnen in Jena. Ich wohne mit Papa, meiner Schwester und der neuen Frau von Papa in Hannover. Die neue Frau heißt Annegret. Sie hat vier _______________: Florian, Mila, Benjamin und Frederik. Zu Hause wohnen auch noch die Eltern von Annegret. Die Eltern von Papa leben in der Nähe von Hannover.
- ● Wow! Dann hast du also zwei _______________, vier _______________, zwei _______________, einen Vater, drei _______________ und drei _______________.
- ○ Ja, aber keine Katzen.

c **Wer hat in deiner Klasse diese Haustiere? Notiere.**

Einen _______________
hat / haben: _______________.

Eine _______________
hat / haben: _______________.

Einen _______________
hat / haben: _______________.

Ein _______________
hat / haben: _______________.

Andere Haustiere in meiner Klasse: _______________________________.

Lektion 4

Meine Freunde

▶ 78 **1 Hör zu und verbinde.**

Olivers bester Freund

- heißt Markus
- ist Tanja
- ist in Erlangen zu Hause
- wohnt in Nürnberg
- geht in die Klasse 7b
- ist 14 Jahre alt
- mag Musik
- ist in der Klasse 8a
- ist Fan vom 1. FC Nürnberg
- telefoniert gerne

Steffis beste Freundin

2 Beantworte die Fragen. Bilde Sätze.

1. Wie heißt der beste Freund von Oliver?

   Der beste Freund von Oliver heißt Markus.

2. Wo wohnt er?

   ____

3. Was macht er in seiner Freizeit?

   ____

4. Wohin geht er manchmal mit Oliver?

   ____

5. Wie heißt die beste Freundin von Steffi?

   ____

6. Wie alt ist sie?

   ____

7. In welcher Klasse ist sie?

   ____

8. Hat sie ein Handy?

   ____

3 Wie bist du? Finde 12 Adjektive und notiere sie.

COOLGFRGEDULDIGJKPLUSTIGNBESYMPATHISCHPOLAUNISCHKSASCHÜCHTERNUKHILFSBE-

REITNWCHAOTISCHLMSPORTLICHJPEINTELLIGENTHFLANGWEILIGURTNETT

4 Wie heißt das Gegenteil? Verbinde.

sympathisch	dumm
interessant	unsportlich
geduldig	unsympathisch
intelligent	chaotisch
sportlich	langweilig
ordentlich	ungeduldig

5 Beantworte die Fragen.

1. Wie ist dein Vater? *Er ist sehr* ______
2. Wie ist deine Mutter? ______
3. Wie ist dein Bruder? ______
4. Wie ist deine Schwester? ______
5. Wie ist dein bester Freund? ______
6. Wie ist deine beste Freundin? ______
7. Wie ist dein Opa? ______
8. Wie ist deine Oma? ______

6 Dein bester Freund / Deine beste Freundin. Ergänze den Text.

Mein bester Freund / Meine beste Freundin heißt ______

Er / Sie ist ______ Jahre alt und ______

______

In seiner / ihrer Freizeit ______

______

Wir machen viel zusammen: Wir ______

______

Ich finde, er / sie ist sehr ______

______

7 Was passt zusammen? Ordne zu.

1. Bist du in einer Clique?
2. Wo trefft ihr euch?
3. Wie viele seid ihr?
4. Was macht ihr zusammen?
5. Wohin geht ihr?
6. Kennt ihr euch schon lange?

a Wir spielen Fußball oder Computerspiele.
b Ja, ich bin in einer Clique.
c Ja, wir kennen uns schon lange.
d Auf dem Marktplatz oder bei mir zu Hause.
e Ins Jugendzentrum oder ins Kino.
f Wir sind zehn Leute.

8 Ergänze.

[treffen • spielen • sehen fern • sind • kennen • gehen]

1. Wir ______________________ zehn Leute in meiner Clique.
2. Wir ______________________ uns schon lange.
3. Wir ______________________ uns auf dem Marktplatz.
4. Wir ______________________ zusammen ins Jugendzentrum.
5. Wir ______________________ oder ______________________ Fußball im Garten.

9 Ordne den Dialog. Nummeriere.

1 Dirk, wie viele seid ihr in deiner Clique?

__ Wir treffen uns bei mir zu Hause. Dort ist viel Platz.

__ Was macht ihr zusammen?

__ Ja, wir kennen uns schon lange. Wir sind alle in einer Klasse.

__ Wo trefft ihr euch?

__ Kennt ihr euch schon lange?

__ Wir sind acht Leute.

__ Wir spielen Fußball, Computerspiele und gehen zusammen ins Kino. Manchmal machen wir zusammen Hausaufgaben.

10 Ergänze die Tabelle.

	spielen	gehen	machen	treffen	sein
ich			mache		
du	spielst			triffst	
er, es, sie			macht		
wir		gehen			
ihr	spielt			treffen	seid
sie		gehen			sind

11 Meine Clique. Ergänze die Verben.

1. Bist ______ du in einer Clique? — Ja, ich ______ in einer Clique.
2. Wie viele Personen ______ ihr? — Wir ______ 8 Personen.
3. Wo ______ du deine Freunde? — Ich ______ meine Freunde oft im Park.
4. ______ ihr viel zusammen? — Oh ja, wir ______ sehr viel zusammen.
5. ______ du manchmal auch was allein? — Ja, ich ______ in den Tennisclub und ______ Tennis.

12 Was kann man wo machen? Ordne zu.

1 joggen

2 Filme sehen

3 Eis essen

4 Volleyball spielen

5 schwimmen

6 Pizza essen

7 Freunde treffen

8 Tennis spielen

__ a im Jugendzentrum
__ b im Schwimmbad
__ c in der Eisdiele
__ d im Park
__ e in der Turnhalle
__ f in der Pizzeria
__ g im Tennisclub
__ h im Kino

13 Wo treffen wir uns? *Vor dem* oder *vor der*? *Im* oder *in der*? Ergänze.

1. Wir treffen uns ______________	Kino.	a vor dem	b vor der
2. Wir treffen uns ______________	Eisdiele.	a im	b in der
3. Wir treffen uns ______________	Jugendzentrum.	a im	b in der
4. Wir treffen uns ______________	Einkaufszentrum.	a vor dem	b vor der
5. Wir treffen uns ______________	Park.	a im	b in der
6. Wir treffen uns ______________	Tennisclub.	a im	b in der
7. Wir treffen uns ______________	Pizzeria.	a vor dem	b vor der
8. Wir treffen uns ______________	Turnhalle.	a im	b in der

14 Wohin gehen wir? *In den*, *ins*, *in die*? Ergänze.

1. Wir gehen ______________	Kino.	a in den	b in die	c ins
2. Wir gehen ______________	Eisdiele.	a in den	b in die	c ins
3. Wir gehen ______________	Jugendzentrum.	a in den	b in die	c ins
4. Wir gehen ______________	Einkaufszentrum.	a in den	b in die	c ins
5. Wir gehen ______________	Park.	a in den	b in die	c ins
6. Wir gehen ______________	Tennisclub.	a in den	b in die	c ins
7. Wir gehen ______________	Pizzeria.	a in den	b in die	c ins
8. Wir gehen ______________	Turnhalle.	a in den	b in die	c ins

15 *Wo* oder *wohin*? Ergänze.

1. ________________ treffen wir uns?
2. ________________ gehen wir heute Abend?
3. ________________ wohnt Steffi?
4. ________________ geht Oliver mit seinen Freunden?
5. ________________ spielt Tanja Volleyball?
6. ________________ gehst du?
7. ________________ lernst du Deutsch?
8. ________________ gehen Steffi und Tanja?

▶ 84 **16** **Wo treffen wir uns? Hör zu und ergänze die Tabelle.**

Treffpunkt		
Adresse		

17 **Richtig (R) oder falsch (F)? Lies den Text und kreuze an.**

Das Erlanger Jugendzentrum

In Erlangen gibt es ein Jugendzentrum. Steffi und Tanja gehen manchmal hin. Dort treffen sie ihre Freunde und Freundinnen. Aber was machen Steffi und Tanja dort? Sie spielen z.B. Volleyball. Die Jungen spielen lieber Fußball. Es gibt nämlich einen kleinen Fußballplatz. Im Jugendzentrum gibt es einen Raum für Partys und Feste. Man kann also Klassenfeste oder Geburtstagspartys organisieren. Und es gibt natürlich einen Computerraum: Steffi und Tanja surfen im Internet und schreiben E-Mails. Im Jugendzentrum gibt es auch ein Café: Man trinkt eine Cola, man hört Musik, man spricht mit Freunden ... Das Jugendzentrum ist jeden Tag geöffnet, und zwar von 14.30 Uhr bis 18.30 Uhr.

	R	F
1. Steffi und Tanja gehen jeden Tag ins Jugendzentrum.	☐	☐
2. Im Jugendzentrum spielen Steffi und Tanja Fußball.	☐	☐
3. Im Jugendzentrum kann man Feste feiern.	☐	☐
4. Steffi und Tanja machen im Jugendzentrum zusammen Musik.	☐	☐

▶ 85 **18** **Hör zu und ergänze das passende Satzzeichen (? oder !).**

Gehen wir ins Schwimmbad ___

Treffen wir uns in der Pizzeria ___

Sprechen wir über Musik ___

Spielen wir zusammen Computerspiele ___

Gehen wir ins Einkaufszentrum ___

Treffen wir uns bei mir zu Hause ___

Wortschatztraining

a **Wie? Einfach perfekt! Ergänze den Text.**

Mein bester Freund / meine beste Freundin ist *sympathisch,* ______________________

____.

Er / sie ____

____.

b **Ergänze den Steckbrief.**

	Sebastian
	14 Jahre
	2 Brüder, 1 Schwester
	München
Land	Deutschland
	8b
	Kino, Basketball, Chor, Freunde treffen

c **Ergänze die Fragen. Notiere Antworten.**

Wer bist du? *Ich* ______________________.

______ ist grün? ______________________.

______ findest du Musik? ______________________.

______ gehst du manchmal? ______________________.

______ macht ihr zusammen in der Clique? ______________________.

______ Geschwister hast du? ______________________.

______ trefft ihr euch? ______________________.

______ kommt Steffi? ______________________.

______ Klasse bist du? ______________________.

d **Wo bist du gerne? Mach eine Liste.**

Ich bin gerne:

in der Eisdiele

____

____

____

Ich kann …

Lesen
wichtige Informationen aus einem Portrait verstehen.

Lies und kreuze die richtige Antwort an.

„Hallo! Ich bin Mareike aus Hamburg. Ich bin 13 und habe zwei Geschwister. Meine Schwester Lina ist 10 und mein Bruder Theo ist 6. Wir haben keine Haustiere, aber ich möchte gern einen Hund und ein Kaninchen haben.“

Mareike ist	☐ 10	☐ 13	☐ 6
Sie hat	☐ einen Hund	☐ ein Kaninchen	☐ keine Haustiere

Hören ▶ 86
in einem Dialog einen Treffpunkt verstehen.

Wo treffen sich die Personen? Hör zu und kreuze an.

☐ im Park ☐ im Jugendzentrum ☐ vor dem Kino

An Gesprächen teilnehmen
jemanden zu seinen Haustieren befragen.

Sprich mit deinem Partner / deiner Partnerin über Haustiere. Fragt und antwortet.

Zusammenhängend sprechen
meine eigene Familie kurz vorstellen.

Stell deine Familie vor (Eltern, Geschwister, Name, Alter …).

Schreiben
ein kurzes Portrait über meine Clique schreiben.

Beschreib deine Clique. Die Informationen helfen dir.

In meiner Clique sind wir ________________

____

____

____

____

____

8 Personen: Jungen und Mädchen
Treffpunkt: im Jugendzentrum
Gemeinsame Aktivitäten: Billard spielen, Musik hören

Lektion 5

Wir, die Klasse 7b

1 Was passt zusammen? Ordne zu.

1. Wie heißt eure Schule?
2. Wie viele seid ihr in der Klasse?
3. Wo liegt eure Schule?
4. Wie lange bleibt ihr in der Schule?
5. Esst ihr in der Schule?
6. Was macht ihr am Nachmittag?

a Wir bleiben bis 16 Uhr in der Schule.
b Natürlich, es gibt eine Mensa.
c Unsere Schule heißt Goethe-Schule.
d Wir besuchen Extrakurse.
e Wir sind 13 Jungen und 12 Mädchen.
f Sie liegt in Frankfurt.

2 Eine E-Mail von Anja. Lies und ergänze.

[habe • bleiben • essen • Hausaufgaben • in der Mensa • Jungen • Klasse • lernen • Mädchen • meine Schule • Theater]

Lieber Marco,

vielen Dank für deine E-Mail und die Fotos von deiner Familie. Heute erzähle ich dir etwas über (1)____________. Sie ist in Nürnberg und heißt Elisabeth-Schule. Meine (2)____________ ist die 7b und wir sind 13 (3)____________ und 11 (4)____________. Wir (5)____________ bis 16 Uhr in der Schule und machen auch zusammen (6)____________. Zu Mittag (7)____________ wir gemeinsam (8)____________. Am Nachmittag (9)____________ ich einen Kurs, ich spiele (10) ____________. Wir (11)____________ sehr viel in der Schule, aber wir haben auch viel Spaß.

Wie ist deine Schule? Schreib mir bald.
Deine Anja

3 Ergänze die Endungen.

1. Wir bleib____ bis 16 Uhr in der Schule. Wie lange bleib____ ihr in der Schule?
2. Wir ess____ in der Mensa. Ess____ ihr auch in der Mensa?
3. Wir lern____ gern Deutsch. Lern____ ihr auch gern Deutsch?
4. Wir mach____ zusammen Hausaufgaben. Mach____ ihr auch zusammen Hausaufgaben?
5. Wir s____ 25 Schülerinnen und Schüler in der Klasse. Wie viele s____ ihr in der Klasse?

4 Ein Interview. Lies und ordne die Antworten den Fragen zu.

1. Welche Klasse seid ihr?
2. Wie heißt eure Schule?
3. Und wo liegt sie?
4. Wie viele seid ihr in der Klasse?
5. Bleibt ihr auch am Nachmittag in der Schule?
6. Und was macht ihr am Nachmittag?

__ **A** *Ja, wir bleiben bis 15.30 Uhr dort.*

__ **B** *Unsere Schule heißt Südstadt-Schule.*

__ **C** *Wir sind die Klasse 6a.*

__ **D** *Wir haben verschiedene Kurse.*

__ **E** *Wir sind 19 Schüler und Schülerinnen.*

__ **F** *Sie liegt in der Kaiserstraße.*

5 Beantworte die Fragen.

1. Wie heißt deine Schule? ______________________________
2. Wie viele Schüler und Schülerinnen besuchen deine Schule? ______________________________
3. In welcher Klasse bist du? ______________________________
4. Wie viele seid ihr in der Klasse? ______________________________
5. Bleibt ihr auch am Nachmittag in der Schule? ______________________________
6. Gehst du gern zur Schule? ______________________________

6 Ja oder Nein? Beantworte die Fragen für dich, frag deinen Partner / deine Partnerin und bilde Sätze wie im Beispiel.

	Jana	Fabio	du	dein Partner / deine Partnerin
1. Spielst du Klavier?	ja	nein		
2. Bleibst du am Nachmittag in der Schule?	nein	ja		
3. Bist du gut in Mathematik?	ja	nein		
4. Wohnst du im Zentrum?	nein	nein		
5. Machst du gern Sport?	ja	nein		

Jana spielt Klavier. Fabio spielt nicht Klavier. Ich ______________________________

____

7 Was passt zusammen? Ordne zu.

1. Wer sind Sie?
2 Sind Sie verheiratet?
3. Haben Sie Kinder?
4. Wie alt sind Sie?
5. Wo wohnen Sie?
6. Haben Sie eine E-Mail-Adresse?

a Ich bin 35.
b In Hamburg.
c Ich bin Frau Schwarz.
d Natürlich habe ich eine E-Mail-Adresse!
e Nein, ich habe keine Kinder.
f Ja, ich bin verheiratet.

8 Stell die Fragen und nutze die höfliche Form mit *Sie*.

1. ______________________________? Ich heiße Eva Hoffmann.
2. ______________________________? Ich bin Managerin.
3. ______________________________? In Pinneberg. Das liegt bei Hamburg.
4. ______________________________? Nein, ich bin Single.
5. ______________________________? Ich treibe Sport und höre Musik.
6. ______________________________? Das sage ich dir nicht!

9 Was möchtest du wissen? Bilde Fragen mit den Elementen.

1. Herr Meyer:
der Vater von Thomas / sein?

2. Herr und Frau Lehner:
in München / wohnen?

3. Frau Bauer:
was / machen / in Ihrer Freizeit?

4. Herr Grüner:
gern / hören / klassische Musik?

5. Frau Zidek:
einen Tenniskurs / besuchen?

10 Ergänze die passenden Possessivartikel.

[unserer • unserer • Ihre • Ihrer • eure • unsere • eurer • unser]

1. Wie heißt ____________ Schule?
2. In ____________ Klasse sind wir 24 Schüler und Schülerinnen.
3. Herr Meier, was machen Sie in ____________ Freizeit?
4. Frau Schulz, was sind ____________ Hobbys?
5. ____________ Schule liegt in der Bahnhofstraße.
6. Gibt es in ____________ Schule eine Mensa?
7. Natürlich gibt es in ____________ Schule eine Mensa.
8. ____________ Englischlehrer spricht perfekt Englisch.

11 **Possessivartikel. Ergänze.**

ich	→	*mein*	sie (Singular)	→	*ihr*	sie (Plural)	→	*ihr*
du	→	______	wir	→	______	Sie	→	______
er, es	→	______	ihr	→	______			

▶ 89 **12** **Was passt zu wem? Hör zu und ordne zu.**

unterrichtet Erdkunde | Biologie | verheiratet | keine Kinder | dynamisch | chaotisch

erklärt nicht sehr gut | spricht sehr schnell | macht Experimente | nicht sehr streng

13 **Lies die Texte im Kursbuch auf Seite 71 noch einmal und beantworte die Fragen.**

1. Was unterrichtet Frau Specht?
______
2. Wie ist Karl Schmidt?
______
3. Wie sind die Stunden von Frau Kohl?
______
4. Wie finden die Schülerinnen und Schüler Mathe?
______
5. Welches Instrument spielt Frau Küppers?
______
6. Welchen Sport treibt Herr Lange?
______
7. Erklärt Herr Novak gut?
______
8. Wie sind die Schülerinnen und Schüler in den Stunden von Frau Specht?
______

14 Wie heißen die Fächer? Ordne die Buchstaben.

a TEUSCHD ______________________

b THEMATIKMA ______________________

c SKIPHY ______________________

d LOGIEBIO ______________________

e GLIENSCH ______________________

f TROPS ______________________

g SIKMU ______________________

h TSKUN ______________________

▶ 90

15 Hör zu und notiere die Fächer.

16 Wie heißen deine Lehrerinnen und Lehrer?

1. Wie heißt dein(e) Deutschlehrer(in)? *Er / Sie heißt* ______________________
2. Wie heißt dein(e) Mathelehrer(in)? ______________________
3. Wie heißt dein(e) Sportlehrer(in)? ______________________
4. Wie heißt dein(e) Musiklehrer(in)? ______________________
5. Wie heißt dein(e) Biologielehrer(in)? ______________________
6. Wie heißt dein(e) Englischlehrer(in)? ______________________

17 **Deine Lehrer und Lehrerinnen? Ergänze die Tabelle und schreib dann einen kurzen Text.**

	1. ____________	2. ____________
Vorname / Name:		
Fach:		
Charakter / Persönlichkeit:		
Die Stunde mit ihm / ihr:		
Besondere Informationen:		

Unser(e) Deutschlehrer(in) heißt ____________________

____

____

____

18 **Schreib die Wochentage aus und bring sie in die richtige Reihenfolge.**

Sa ____________ ☐

Di ____________ ☐

Mi ____________ ☐

Fr ____________ ☐

Mo ____________ ☐

So ____________ ☐

Do ____________ ☐

19 **Wochentage. Ergänze.**

1. Nach dem Mittwoch kommt der … ____________
2. Nach dem Freitag kommt der … ____________
3. Vor dem Mittwoch kommt der … ____________
4. Nach dem Montag kommt der … ____________
5. Vor dem Sonntag kommt der … ____________
6. Nach dem Samstag kommt der … ____________
7. Nach dem Sonntag kommt der … ____________

20 **Dein Stundenplan. Welcher ist dein idealer, welcher dein schlimmster Tag? Ergänze und berichte deinem Partner / deiner Partnerin.**

Mein idealer Schultag

Mein idealer Schultag ist Montag. Ich habe Sport, dann …

Mein schlimmster Schultag

21 **Ergänze die Tabelle.**

	finden	unterrichten
ich		
du		unterrichtest
er, es, sie		
wir		
ihr	findet	
sie, Sie		

▶ 91 **22** **Zusammengesetzte Wörter. Hör zu, achte darauf, welches Wort betont wird, und markiere.**

Deutschlehrer
Englischstunde
Lieblingsfach
Hausaufgaben
Sommerferien
Ferienkurs
Musikschule

Wortschatztraining

a **Wie ist dein Stundenplan? Trag deine Fächer ein.**

Montag	Dienstag	Mittwoch	Donnerstag	Freitag

b **In der Schule. Ergänze den Wortigel.**

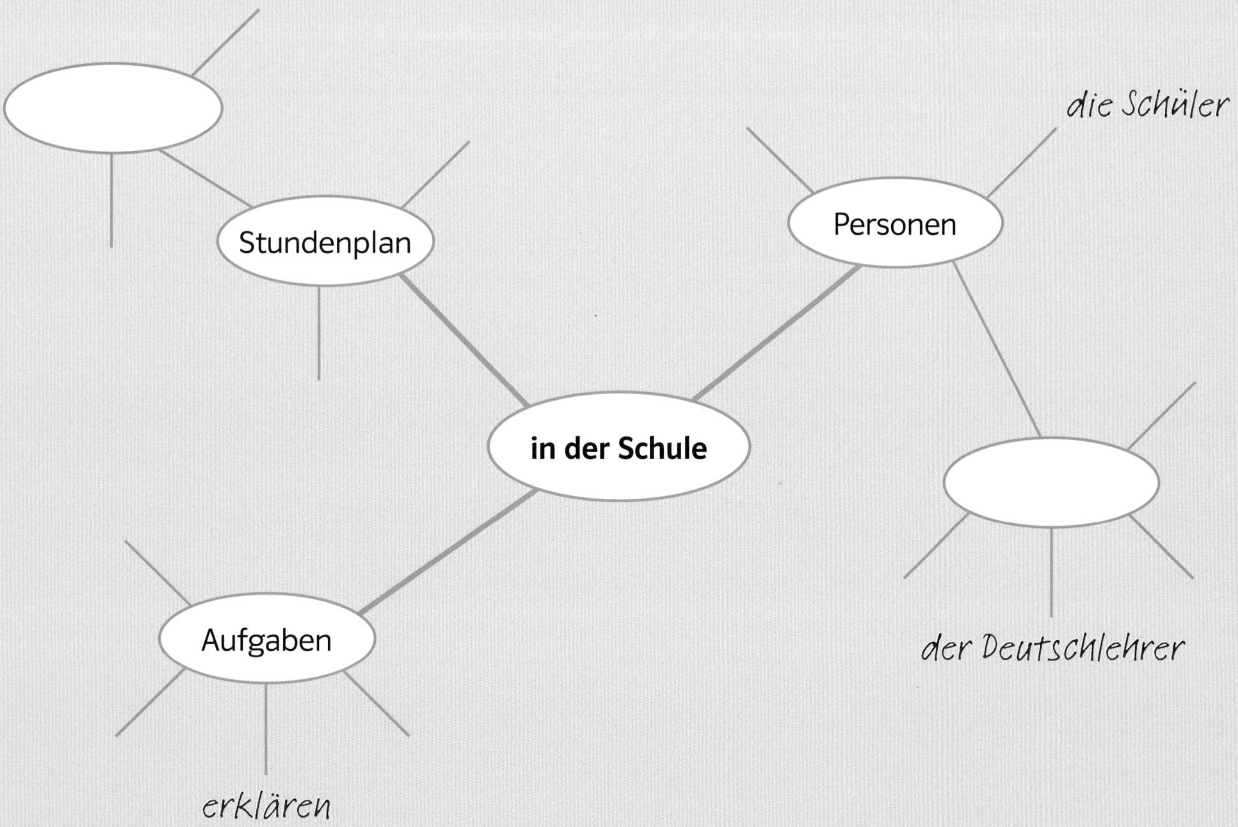

Lektionen 1–5

Glossar

Das Glossar enthält alle wichtigen Wörter aus Magnet neu A1.1 in alphabetischer Reihenfolge.
Hinter jedem Wort steht das Kapitel, in dem es zum ersten Mal vorkommt.

Beispiel: aktiv KB 5 = Kursbuch, Lektion 5

Nomen sind mit Artikel und Pluralform angegeben: das Auto, -s. Bei Nomen, die nur im Singular oder nur im Plural gebraucht werden, ist dies in Klammern vermerkt: die Ferien (Plural).

Verben sind im Infinitiv aufgeführt. Bei Verben mit besonderen Formen im Präsens steht die 3. Person Singular in Klammern: lesen (er liest)

Abkürzungen: KB = Kursbuch AB = Arbeitsbuch ZS = Zwischenstation

A

aber	KB3
das Abitur (Singular)	KB5
die Adresse, -n	KB1
aktiv	KB5
alle	KB5
allein	KB4
der Alltag (Singular)	KB2
alt	KB1
das Alter (Singular)	KB5
am	KB5
Arabisch	KB2
auch	KB1
auf	KB4
Auf Wiedersehen!	KB0.1
aus	KB1
das Auto, -s	KB0.3
autoritär	KB5

B

bald	AB1
die Band, -s	KB2
der Basketball (Singular)	KB5
beginnen	KB5
bei	KB4
beide	KB4
besonders	KB5
bester, beste, bestes	KB4
besuchen	KB5
die Biologie (Singular)	KB5
bis	KB5
ein bisschen	KB2
blau	KB0.3
bleiben	KB5
blöd	KB2
braun	KB0.3
der Bruder, ¨	KB3
das Buch, ¨er	KB5

C

das Café, -s	AB4
die CD, -s	KB0.3
chaotisch	KB4
chatten	ZS1
der Chor, ¨e	KB4
die Clique, -n	KB4
der Comic, -s	KB2
der Computer, -	KB0.3
das Computerspiel, -e	ZS2
cool	KB2

D

das Dach, ¨er	KB0.3
danke	KB0.1
das	KB0.3
dein, deine	KB1
der	KB0.3
Deutsch	KB2
Deutschland	KB1
die	KB0.3
der Dienstag, -e	KB5
die Dolmetscherin, -nen	AB2
der Donnerstag, -e	KB5
doof	KB2
du	KB1
dynamisch	KB5

E

ein, eine	KB0.3
einfach	AB0.2
das Einkaufszentrum, Einkaufszentren	KB4
der Einwohner, -	KB2
das Einzelkind, -er	KB3
die Eisdiele, -n	KB4
die Eltern (Plural)	KB1
die E-Mail-Adresse, -n	KB1
Englisch	KB2
er	KB2
erklären	KB5
die Erklärung, -en	KB5
essen (er isst)	KB5
euer, eure	KB5
der Euro, -s	KB0.2
Europa (Singular)	KB2
das Experiment, -e	AB5

F

das Fach, ¨er	KB5
die Familie, -n	KB3
der Fan, -s	KB4
die Ferien (Plural)	KB5
fernsehen (er sieht fern)	KB2
das Fest, -e	AB4
finden (er findet)	KB2
die Flagge, -n	KB0.4

Frankreich KB1
Französisch KB2
Frau AB0.1
der Freitag, -e KB5
die Freizeit (Singular) KB2
die Fremdsprache, -n KB2
der Freund, -e KB4
die Freundin, -nen KB4
für KB4
der Fußball (Singular) KB2

G

ganz AB3
der Garten, ¨ ZS2
geboren KB1
geduldig KB4
gehen KB4
die Geige, -n KB5
gelb KB0.3
gemeinsam KB4
die Geographie (Singular) KB5
gern KB2
die Geschichte (Singular) KB5
geschieden KB3
die Geschwister (Plural) KB3
gewinnen KB0.2
die Gitarre, -n KB2
der Goldfisch, -e KB3
Griechenland KB1
Griechisch ZS1
Großbritannien KB1
die Großeltern (Plural) KB3
grün KB0.3
Grüß dich! KB1
gut KB4
Gute Nacht KB0.1
Guten Morgen KB0.1
Guten Tag KB0.1

H

haben (er hat) KB3
Hallo KB1
der Hamster, - KB3
der Handball (Singular) KB2
das Handy, -s KB1
die Handynummer, -n KB1
die Hauptstadt, ¨-e KB0.4
die Hausaufgabe, -n KB4
das Haustier, -e KB3
heißen KB1
der Herbst (Singular) KB5
die Herkunft (Singular) ZS1
Herr AB0.1
hilfsbereit KB4
der Himmel (Singular) KB0.3
das Hobby, -s KB2
hören KB2
der Hund, -e KB3

I

ich KB1
ich, er, sie möchte KB3
ich, er, sie will KB3
die Idee, -n KB4
ideal AB5
ihr KB4
ihr, ihre KB2
immer KB5
in KB1
in der Nähe von KB1
die Informatik (Singular) KB5
inlineskaten (er skatet) KB2
das Instrument, -e KB2
intelligent KB4
das Interesse, -n KB4
das Internet (Singular) KB2
Italien KB1
Italienisch KB5

J

ja KB1
das Jahr, -e KB5
das Jugendzentrum, Jugendzentren KB4
jung KB5
junge Leute KB2
der Junge, -n KB4

K

der Kanarienvogel, ¨ KB3
das Kaninchen, - KB3
die Katze, -n KB3
kein, keine KB3
kennen KB4
kennen lernen ZS1
das Keyboard, -s ZS1
das Kind, -er KB5
das Kino, -s KB4
die Klarinette, -n KB5
die Klasse, -n KB4
das Klavier, -e KB2
klein KB3
kommen KB1
der Kurs, -e KB5

L

das Land, ¨-er KB0.4
lange KB4
langweilig KB2
launisch KB4
der Lehrer, - KB5
die Lehrerin, -nen KB5
leider KB3
lernen KB2
lesen (er liest) KB2
die Leute (Plural) KB4
lieber KB4
liegen KB1
lustig KB4

M

machen KB2
das Mädchen, - KB4
manchmal KB4
die Mannschaft, -en KB2
der Marktplatz, ¨-e KB4
die Mathematik (Singular) KB5
das Meerschweinchen, - KB3
mein, meine KB1
die Mensa, -s KB5
der Mensch, -en KB2
mit KB3
mitkommen (er kommt mit) KB4
der Mittag, -e KB5
der Mittwoch, -e KB5
der Montag, -e KB5
der Motor, -en ZS1
die Musik (Singular) KB2
der Musiker, - ZS1
die Musikerin, -nen ZS1
die Mutter, ¨ KB3

N

der Nachmittag, -e KB5
der Name, -n KB4
nein KB1
nett KB4
nicht KB3
Norddeutschland KB0.4
die Nummer, -n KB1
nur KB2

O

oder	KB3
die Oma, -s	KB3
der Onkel, -	AB3
der Opa, -s	KB3
das Orchester, -	KB5
Ostdeutschland	KB0.4
Österreich	KB1

P

der Park, -s	KB4
die Party, -s	AB4
perfekt	AB2
die Person, -en	KB3
das Pferd, -e	KB3
die Physik (Singular)	KB5
die Pizzeria, -s	KB4
der Platz, ¨-e	KB3
Polen	KB1
Polnisch	KB2
prima	KB2

R

Rad fahren (er fährt Rad)	KB2
der Raum, ¨-e	AB4
rot	KB0.3
Russisch	KB2

S

sagen	KB2
der Samstag, -e	KB5
schicken	KB4
die Schildkröte, -n	KB3
schlimm	AB5
schon	KB4
schrecklich	KB2
schüchtern	KB4
der Schuldirektor, -en	KB5
die Schule, -n	KB5
der Schüler, -	KB2
die Schülerin, -nen	KB2
die Schülerzeitung, -en	KB5
die Schulnote, -n	KB5
schwarz	KB0.3
die Schweiz	KB1
schwer	KB5
die Schwester, -n	KB3
das Schwimmbad, ¨-er	KB4
schwimmen	KB2
sehen (er sieht)	KB2
sehr	KB4
sein	KB1
sein, seine	KB2
Sie	KB5
sie (Plural)	KB2
sie (Singular)	KB2
singen	KB4
der / die Single, -s	KB5
die SMS, -	KB4
so … wie	ZS2
der Sommer (Singular)	KB5
der Sonntag, -e	KB5
Spanien	KB1
Spanisch	KB2
der Spaß (Singular)	KB5
später	KB2
spazieren gehen (er geht spazieren)	KB4
spielen	KB2
der Sport (Singular)	KB2
der Sportler, -	ZS1
der Sportlerin, -nen	ZS1
sportlich	KB2
die Sprache, -n	KB2
sprechen (er spricht)	KB2
der Staat, -en	AB1
das Stadion, Stadien	KB4
die Stadt, ¨-e	KB1
still	KB5
die Straße, -n	KB4
streng	KB5
die Stunde, -n	KB5
der Stundenplan, ¨-e	KB5
studieren	KB5
Süddeutschland	KB0.4
süß	AB3
super	KB2
surfen	KB2
sympathisch	KB4
Syrien	KB1

T

die Tafel, -n	KB0.3
der Tag, -e	AB3
die Tante, -n	AB3
telefonieren	KB4
die Telefonnummer, -n	KB0.2
das Tennis (Singular)	KB2
der Tennisclub, -s	KB4
das Theater, -	AB5
toll	KB2
treiben	KB2
sich treffen (er trifft sich)	KB4
der Treffpunkt, -e	KB4
Tschüss!	KB1
die Türkei	KB1
Türkisch	KB2
die Turnhalle, -n	KB4

U

und	KB1
ungeduldig	KB4
die Universität, -en	KB5
unordentlich	KB5
unser, unsere	KB5
unterrichten	KB5
die USA	AB2

V

der Vater, ¨-	KB3
verheiratet	KB5
verschieden	AB5
verstehen	KB1
viel	KB2
von	KB3
vor	KB4
der Vorname, -n	KB5

W

wann?	KB5
was?	KB2
weiß	KB0.3
weit weg	KB4
welche?	KB2
wer?	KB1
werden (er wird)	KB2
Westdeutschland	KB0.4
wie viel?	KB0.2
wie viele?	KB3
wie?	KB1
die Wiese, -n	KB0.3
wir	KB3
wo?	KB1
woher?	KB1
wohin?	KB4
wohnen	KB1
der Wohnort, -e	ZS1
das Wort, ¨-er	KB2

Z

das Zentrum, Zentren	AB5
zu Hause	KB3
zusammen	KB4

Bildquellen

U1 Klett-Archiv (Stephan Klonk), Stuttgart; **U2** Klett-Archiv, Stuttgart; **6.1** Klett-Archiv (Stephan Klonk), Stuttgart; **6.2** Thinkstock (Creatas), München; **6.3** Klett-Archiv (Stephan Klonk), Stuttgart; **6.4** © Kzenon-Fotolia.com; **6.5** Klett-Archiv (Stephan Klonk), Stuttgart; **7.1** Shutterstock (Tracy Whiteside), New York NY; **7.2** Shutterstock (jstudio), New York NY; **7.3** Thinkstock (Jupiterimages Getty Images), München; **7.4** Thinkstock (Darrin Klimek), München; **7.5** Shutterstock (AlenD), New York NY; **7.6** Shutterstock (Monkey Business Images), New York NY; **8, 9, 11** Klett-Archiv (Stephan Klonk), Stuttgart; **13** Thinkstock, München; **14.1** Shutterstock (Ekaterina Garyuk), New York NY; **14.2** iStock (herpens), Calgary, Alberta; **14.3** Shutterstock (safacakir), New York NY; **14.4** Shutterstock (EDHAR), New York NY; **14.5** Shutterstock (Biehler Michael), New York NY; **14.6** Thinkstock, München; **14.7** Thinkstock, München; **14.8** iStock (Photogrrapher Olympus), Calgary, Alberta; **19.1** © Max Diesel - Fotolia.com; **19.2** iStock (alkir), Calgary, Alberta; **19.3** © kameraauge - Fotolia.com; **19.4** Shutterstock (Mihai-Bogdan Lazar), New York NY; **19.5** Shutterstock (ICH-Images), New York NY; **19.6** © SergiyN - Fotolia.com; **19.7** iStock (Hector Junquera), Calgary, Alberta; **19.8** © Arnd Drifte - Fotolia.com; **19.9** © Dreadlock - Fotolia.com; **19.10** Shutterstock (Evgeniy Ayupov), New York NY; **19.11** Shutterstock (Maria Veras), New York NY; **19.12** Shutterstock (Fedor Selivanov), New York NY; **19.13** © Fraxx - Fotolia.com; **20** Klett-Archiv (Stephan Klonk), Stuttgart; **21.1** Shutterstock (Xufang), New York NY; **21.2** Shutterstock (Massimiliano Pieraccini), New York NY; **21.3** Shutterstock (PhotoBarmalay), New York NY; **21.4** Shutterstock (Zsolt Biczo), New York NY; **21.5** © thomas.andri - Fotolia.com; **21.6** © Nicolas Kopp - Fotolia.com; **21.7, 23.1** Klett-Archiv (Stephan Klonk), Stuttgart; **23.2** iStockphoto (alynst), Calgary, Alberta; **23.3** iStockphoto (cristiani), Calgary, Alberta; **23.4** Thinkstock (Stockbyte), München; **23.5** iStockphoto (Vetta Collection), Calgary, Alberta; **23.6** Thinkstock (Medioimages/Photodisc), München; **24, 25, 26** Klett-Archiv (Stephan Klonk), Stuttgart; **30.1** Thinkstock, München; **30.2** © Klaus Eppele - Fotolia.com; **30.3** Thinkstock (Bananastock), München; **30.4** © Eleonore H - Fotolia.com; **30.5** Thinkstock (istock), München; **30.6** Klett-Archiv, Stuttgart; **30.7** Thinkstock (© Getty Images), München; **30.8** Thinkstock (Hemera), München; **30.9** Thinkstock (istock), München; **30.10** Thinkstock (istock), München; **30.11** © shocky - Fotolia.com; **30.12** Thinkstock (istock), München; **32, 34** Klett-Archiv (Stephan Klonk), Stuttgart; **41** Shutterstock (Andreas G. karelias), New York NY; **42** Ullsteinbild - Jazz Archiv, Hamburg; **44.1, 44.2, 45.1, 45.2, 45.3, 45.4, 45.5, 45.6, 45.7, 45.8, 45.9, 46, 47.1, 47.2, 47.3, 47.4, 47.5** Klett-Archiv (Stephan Klonk), Stuttgart; **48.1** © Sheila Atter - Fotolia.com; **48.2** iStockphoto (Christian Lohman), Calgary, Alberta; **48.3** Thinkstock, München; **48.4** iStockphoto (ccahill), Calgary, Alberta; **48.5** dreamstim.com (Ecophoto), Brentwood, TN; **48.6** Thinkstock, München; **48.7** dreamstim.com (Fragles), Brentwood, TN; **48.8** Thinkstock, München; **49.1** Shutterstock (Tracy Whiteside), New York NY; **49.2** Thinkstock (Darrin Klimek), München; **49.3** Thinkstock (Jupiterimages Getty Images), München; **49.4** Shutterstock (jstudio), New York NY; **54.1, 54.2, 55, 56.1, 56.2, 57** Klett-Archiv (Stephan Klonk), Stuttgart; **64.1** Shutterstock (Jorg Hackemann), New York NY; **64.2** Thinkstock (Wavebreak Media), München; **65, 66.1, 66.2, 68.1, 68.2, 68.3, 68.4, 68.5, 69, 70** Klett-Archiv (Stephan Klonk), Stuttgart; **71.1** Thinkstock, München; **71.2** Shutterstock (Tyler Olsen), New York, NY; **71.3** © Daniel Fuhr - Fotolia.com; **71.4** Thinkstock (Stockbyte), München; **71.5** © Mumpitz - Fotolia.com; **71.6** © Barbara Meyer - Fotolia.com; **79.1** Thinkstock (BananaStock), München; **79.2** Thinkstock (Getty Images), München; **79.3** Thinkstock (Purestock), München; **79.4** Thinkstock (Getty Images), München; **79.5** Thinkstock (Monkey Business Images Ldt), München; **79.6** Thinkstock (Purestock), München; **83.1** Shutterstock (AlenD), New York; **83.2** Thinkstock (Darren Klimek), München; **83.3** Shutterstock (Monkey Business Images), New York; **83.4** Shutterstock (Tracy Whiteside), New York; **89.1** Fotolia (Arnd Drifte), New York; **89.2** iStockphoto (HectorJunquera), Calgary, Alberta; **89.3** Fotolia (kameraauge), New York; **89.4** Shutterstock (IH-Images), New York; **89.5** Fotolia (SergiyN), New York; **89.6** Fotolia (Max Diesel), New York; **89.7** Fotolia (Fedor Selivanov), New York; **89.8** Shutterstock (Maria Veras), New York; **91.1** iStockphoto (jamirae), Calgary, Alberta; **91.2** Shutterstock (Jaimie Duplass), New York; **91.3** Thinkstock (Jupiterimages), München; **91.4** Shutterstock (Nadino), New York; **91.5** iStockphoto (theboone), Calgary, Alberta; **91.6** Thinkstock (Roger Weber), München; **95.1** iStockphoto (kate_sept2004), Calgary, Alberta; **95.2** Thinkstock (Comstock Images), München; **95.3** iStockphoto (Jani Bryson), Calgary, Alberta; **97.1** iStockphoto (Juanmonino), Calgary, Alberta; **97.2** Shutterstock (Teresa Levite), New York; **97.3** iStockphoto (PhotoEuphoria), Calgary, Alberta; **97.4** iStockphoto (goodynewshoes), Calgary, Alberta; **97.5** iStockphoto (dsharpie), Calgary, Alberta; **97.6** Shutterstock (Andreas G. Karelias), New York; **98.1** Shutterstock (Tracy Whiteside), New York; **98.2** Thinkstock (Fuse), München; **98.3** Thinkstock (Purestock), München; **98.4** Thinkstock (Brian Doty), München; **101** Thinkstock (mandygodbehear), München; **102** Klett-Archiv (Stephan Klonk), Stuttgart; **103** Klett-Archiv (Stephan Klonk), Stuttgart; **104.1** Thinkstock (nyul), München; **104.2** Thinkstock (Michael Blann), München; **104.3** Thinkstock (Jupiterimages), München; **104.4** Shutterstock (s_bukley), New York; **104.5** Shutterstock (Philip Chidell), New York; **104.6** Shutterstock (Helga Esteb), New York; **104.7** iStockphoto (EdStock), Calgary, Alberta; **104.8** Shutterstock (katatonia82), New York; **104.9** Shutterstock (RAStudio), New York; **105.1** Thinkstock (Sam Royds), München; **105.2** Fotosearch Stock Photography (Design Pics), Waukesha, WI; **110.1** Thinkstock (PaulSimcock), München; **110.2** Thinkstock (omgimages), München; **110.3** iStockphoto (InspiredFootage), Calgary, Alberta; **110.4** Thinkstock (Shantell), München; **110.5** Thinkstock (Brian Doty), München; **111.1** Fotolia (auremar), New York; **111.2** Shutterstock (VladislavGudovskiy), New York; **116.1, 116.2** Klett-Archiv (Stephan Klonk), Stuttgart; **121.1** Shutterstock (Monkey Business Images), New York; **121.2** Shutterstock (Elena Elisseeva), New York; **121.3, 121.4, 121.5** Klett-Archiv (Stephan Klonk), Stuttgart; **122** iStockphoto (alynst), Calgary, Alberta; **127.1** Thinkstock (Fuse), München; **127.2** Thinkstock (Fuse), München

Magnet neu A1.1, Kurs- und Arbeitsbuch, Audio-CD

	Lektion, Übung	Länge
1	KB: 0.1, Übung 1	00:45
2	KB: 0.1, Übung 3	00:40
3	KB: 0.1, Übung 6	00:19
4	KB: 0.1, Übung 8	00:16
5	KB: 0.1, Phonetik, a	00:18
6	KB: 0.1, Phonetik, b	00:35
7	AB: 0.1, Übung 10	00:34
8	AB: 0.1, Übung 11	00:31
9	KB: 0.2, Übung 1	00:37
10	KB: 0.2, Übung 3	00:31
11	KB: 0.2, Übung 6	00:29
12	AB: 0.2, Übung 5	01:17
13	KB: 0.2, Übung 8	00:46
14	KB: 0.2, Übung 9	01:20
15	KB: 0.2, Übung 10	00:18
16	KB: 0.2, Übung 11	00:35
17	KB: 0.2, Übung 12	00:30
18	KB: 0.2, Phonetik, a	00:32
19	KB: 0.2, Phonetik, b	00:33
20	AB: 0.2, Übung 7	00:49
21	AB: 0.2, Übung 9	00:59
22	AB: 0.2, Übung 10	01:20
23	AB: 0.2, Übung 13	03:56
24	AB: 0.2, Übung 14	00:59
25	KB: 0.3, Übung 1	00:38
26	KB: 0.3, Übung 3	00:50
27	KB: 0.3, Übung 5	00:31
28	AB: 0.3, Übung 3	01:02
29	KB: 0.3, Übung 6	00:40
30	KB: 0.3, Übung 8	00:52
31	KB: 0.3, Übung 9	00:57

	Lektion, Übung	Länge
32	KB: 0.3, Übung 11	03:48
33	KB: 0.3, Phonetik, a	00:33
34	KB: 0.3, Phonetik, b	00:28
35	KB: 0.3, Phonetik, c	00:54
36	AB: 0.3, Übung 13	00:39
37	KB: 0.4, Übung 1	00:32
38	KB: 0.4, Übung 2	00:47
39	KB: 0.4, Übung 5	01:01
40	KB: 0.4, Übung 7	00:48
41	KB: 0.4, Übung 12	00:59
42	KB: 0.4, Übung 13	00:19
43	KB: 0.4, Phonetik, a	00:32
44	KB: 0.4, Phonetik, b	00:25
45	AB: 0.4, Übung 8	00:50
46	AB: 0.4, Übung 12	01:04
47	AB: 0.4, Übung 13	00:50
48	AB: 0.4, Ich kann ..., Hören	00:22
49	KB: 1, Übung 1	00:27
50	AB: 1, Übung 6	00:54
51	KB: 1, Übung 5	00:28
52	AB: 1, Übung 8	00:47
53	KB: 1, Übung 7	00:31
54	KB: 1, Phonetik, a	00:34
55	KB: 1, Phonetik, b	00:37
56	AB: 1, Übung 15	00:56
57	AB: 1, Übung 17	00:44
58	KB: 2, Übung 2	01:34
59	KB: 2, Übung 3	01:23
60	KB: 2, Übung 6	00:42
61	AB: 2, Übung 6	00:41
62	KB: 2, Phonetik, a	00:36

	Lektion, Übung	Länge
63	KB: 2, Phonetik, b	00:51
64	AB: 2, Übung 15	00:43
65	AB: 2, Übung 16	02:02
66	AB: 2, Ich kann ..., Hören	00:23
67	KB: ZS 1, Übung 4	00:48
68	KB: 3, Übung 3	01:24
69	KB: 3, Übung 6	00:18
70	AB: 3, Übung 10	01:15
71	KB: 3, Übung 11	00:41
72	KB: 3, Phonetik, a	00:33
73	KB: 3, Phonetik, b	00:39
74	KB: 3, Phonetik, c	00:40
75	AB: 3, Übung 15	00:57
76	AB: 3, Übung 20	00:41
77	AB: 3, Übung 21	00:33
78	AB: 4, Übung 1	01:10
79	KB: 4, Übung 7	00:34
80	KB: 4, Übung 11	01:07
81	KB: 4, Übung 12	00:35
82	KB: 4, Phonetik, a	00:35
83	KB: 4, Phonetik, b	00:47
84	AB: 4, Übung 16	01:06
85	AB: 4, Übung 18	00:34
86	AB: 4, Ich kann ..., Hören	00:34
87	KB: ZS 2, Übung 3	00:53
88	KB: 5, Übung 6	01:14
89	AB: 5, Übung 12	01:14
90	AB: 5, Übung 15	01:01
91	AB: 5, Übung 22	00:36
92	KB: 5, Phonetik, a	01:17
93	KB: 5, Phonetik, b	00:37
	gesamt	**77:52**

Audio-CD Impressum

Sprecher: Julia Bär, Jonas Bolle, Natascha Kuch, Barbara Kysela, Henrik van Ypsilon
Tontechnik: Michael Vermathen
Produktion: Studio Networks S.r.l., Mailand (italienische Ausgabe), Bauer Studios GmbH, Ludwigsburg (internationale Ausgabe)
Presswerk: Osswald GmbH & Co., Leinfelden-Echterdingen